大学生が見た日本の刑務所 **2**

# 居場所がない

―高齢者・万引き・再犯―

# はじめに

　2018年、北海道大学新渡戸カレッジ・フェローゼミの活動を通じて、学生たちが刑務所に対する認識を高次へと昇華させていくプロセスを中心にまとめ、それを『刑務所には時計がない──大学生が見た日本の刑務所』（人間と歴史社）として出版しました。ゼミは「日本の刑務所の歴史と現状・課題などを調査するとともに、諸外国の刑務所と比較し、わが国の刑務所の特異的な問題点を考察し、そこから日本社会の深層に迫る」ことを目的に約2カ月間行なわれました。

　2019年も同じゼミで同様に札幌刑務所を実際に見学し、その後1時間にもわたる質疑応答をかさね、関係者からの講演を聞き、刑務所の諸問題に対して理解を深めていきました。多くの学生は刑務所を実際に見学して、まず自分が刑務所に対して持っていたステレオタイプな見方・考え方の修正に直面します。日本の教育では、このような刑務所の現状や課題などについて直視する機会がほとんどありませんし、そのチャンスさえも提供されていないからです。

　学生は調べていくうちに、刑法犯の認知件数は最近著しく減少傾向にあるが多くの被収容者の罪名は窃盗と覚せい剤取締法違反であり、殺人や強盗などの凶悪罪は少数であること、窃盗という罪名の中でもとくに「万引き」が4割近くを占めていること、それも高齢者の比率が高いことを知ります。さらに同じような罪を犯して刑務所に戻って来る人（つまり累犯者、あるいは再犯者）の割合は毎年増加傾向にあることが分かってきます。その上よく観察すると、刑務所には自分たちの隣人のような人たちが大勢収容されていることに気づきます。

　そして、自分たちがこちらの世界にのんのんと生活しているのは単なる偶然ではないか？　もし「運」が悪ければ、自分もその塀の中にいてもおかしくないと思うようになります。この現状は「たまたま」、運が味方しただけだと。この認識は塀の中には「怖い人」がいるという漠然と持っていた恐怖を一気に人間に対する興味に変えました。

その背景には私たちの社会の不寛容さがあり、そのため社会には元受刑者の居場所がないことに思いがいたるようになりました。その結果社会を変えるためにはまず自分たちが変わらなければならない、と学生たちは確信するようになります。そのためには自分たちは何をしなければならないか、と学生は真剣に悩むようになります。

　さて犯罪を生み出す社会的背景、そのメカニズムなどの検討も非常に重要です。そこで今回のゼミでは、「再犯防止」に焦点を絞り、特に刑務所の「外」においてどうすれば再犯を減らせることが可能かどうかを学生が議論しました。

　ゼミの前半は「刑務所」（札幌刑務所）を実際に視察し研修を受け、さらに更生保護施設の役割や活動、また被収容者を積極的に採用している企業の責任者の考え方や活動、その実績などを学習しました。本著は学生一人ひとりの考え方の変遷、およびグループ活動を中心に据えて、日本における「再犯防止」の現状と課題、そして展望を述べることにします。まず最初に、刑務所を訪問し研修した後の学生一人ひとりの感想を紹介します。


玉城英彦

目次

はじめに

大学生が見た日本の刑務所 **2**

# 居場所がない

―高齢者・万引き・再犯―

# 第1章 大学生が見た刑務所

玉城英彦

私たちは昨年（2018）と同じく、「札幌刑務所」を2回に分け
て訪問し、刑務所職員（刑務官）から施設の概要や当該刑務所
の被収容者の背景、および罪別データなどに関する講義を受け
てから、刑務官の案内で施設内を見学した。見学は約1時間で
あったが、被収容者と直接接する機会はなかった。視察の後、
「矯正医療」について講義を受け、全体の質疑応答が交わされ
た。刑務官と学生との質疑応答は活溌溌地で、全体でほぼ2時
間にも及んだ。今回は諸般の事情から、札幌刑務所に隣接する
「札幌刑務支所」（いわゆる「女子刑務所」）を見学することは
できなかった。
　学生は見学後、1週間以内に「刑務所研修」について4,000字
程度の報告書を提出することが義務づけられた。そのレポート
を以下に紹介する。なお、札幌刑務所の概要については、前著
『刑務所には時計がない』を参照していただきたい。

玉城英彦

## 将来の夢は検察官

阿達柊斗（法学部1年）

　私の将来の夢は検察官です。今回、「玉城ゼミ」を希望したのも、取り調べを行なったり起訴したりするうえで、多くの関わりをもつ被疑者・受刑者がどのような生活を送っているかということに興味を持っていたからです。私は、平日に裁判所へ傍聴に行くことはよくするのですが、刑務所に行って、その設備や内情を理解するという機会はありませんでした。そのため今回はとてもよい機会を得られたと考えています。「刑務所」と聞いて、不衛生な独房や建物を連想する方も多いのではないでしょうか。しかし、到着して初めての印象は、単純に「非常にきれいな建物である」というものでした。所内に案内されてすぐ、私たちはこの刑務所がどのような歴史を歩んできたか、また現在収容されている人々に関する罪名や刑期などについて説明を受けました。

　私が頻繁に傍聴する刑事裁判の多くは、覚せい剤取締法違反、痴漢などの迷惑防止条例違反、それに窃盗罪が占めているため、"これらの罪で収容されている人々が多いのでは"と推測していました。実際、被収容者の罪名は、1番に「覚せい剤取締法違反」が多く、次いで「窃盗」とのことでした。

　窃盗や覚せい剤の使用は、他の犯罪に比べて「再犯」の可能性が高いというところに特徴があります。窃盗については、利益目的の盗みではなく、"盗みたい"という衝動を制御できない「クレプトマニア」（窃盗症）を患っている人々もいます。また、窃盗の裏には「貧困」の問題も危惧されます。覚せい剤においては、禁断症状から逃れられないうえに、その禁断症状から窃盗や傷害事件を起こしてしまうこともあります。

　被収容者の置かれている状況を考えるなかで、刑務所内での活動だけでなく、出所後の「ケア」もどれだけ重要であるかを改めて考えさせられました。平均再犯回数が「5回」であるというデータも、出所後のケアに重点を置くべきであることを端的に表しています。その後、実際に被収容者が生活している建物を見学しました。所内見学で最初に発見したことは、ドア（扉）の数が非常に多いということです。これは単純に

セキュリティ強化のためと捉えることもできるでしょう。しかし、災害時には別の役割を発揮することが期待されます。火災が起きた際に、1,000人を超える受刑者を避難させることは容易ではありませんが、扉を多く設置することで煙を一定空間に閉じ込め、拡散を防ぐことができます。すなわち、刑務所の扉は秩序維持に寄与しつつ、災害にも対応できるように設計されていました。

　また、私が想定していたほど、被収容者は制限された生活を過ごしてはいませんでした。もちろん、閉鎖された生活空間で、毎日同じスケジュールでの生活を強いられ、室内に持ち込める物の多くは制限があります。しかしながら、居室でのテレビ視聴は自由であり、食事も充実しているうえ、医療費はかかりません。さらには、札幌刑務所に関してですが、比較的広い部屋を一人で使用しているケースが見受けられました。被収容者の生活は「国費」で賄われていることについては知っていたので、生活に困った人がより良い暮らしを求めて罪を犯すことについてはある程度理解していたつもりでしたが、私が想像していた以上に刑務所での生活には自由があるように見受けられました。

　このような現状を認識し、理解を示す国民がどれだけいるでしょうか。この現状を私が受け入れられるか否かは別として、法曹を志す者として知らなかったことを恥ずかしく感じました。

　憲法で保障される身体の自由を踏まえれば、被収容者に不自由な生活を強いることはできませんし、相対的意思自由論の見地に立てば被収容者に更生の機会を与え、その意思を保障することは当然のことです。その一方で、予防論の見地に立った場合、この待遇には疑問を感じます。「刑罰は犯人が将来再び犯罪を行なわないようにするために存在している」のではないでしょうか。つまり、出所した被収容者に「刑務所での待遇のほうが現在の生活環境より良い」と考えさせてはいけないのではないでしょうか。

　たしかに、国が運営している現行制度をすぐに改めるのはきわめて困難であることは理解できます。しかし、はたして「テレビの視聴」「バラエティに富んだ食事」「医療費無料」は最低限度の生活に当たるのでしょうか。医療費の問題は生活保護受給者とのバランスを考えると、容易に改善することはできません。しかし、前者2つはどうでしょうか。

被収容者にも基本的人権があるという主張は理解できますが、刑罰を苦痛と感じなければ刑法の機能が損なわれることが懸念されます。

　今回の視察で、このように私の刑務所に対する認識は大きく変わりました。また、円滑な刑務所運営のためにはどうしても被収容者や刑務所の内部の問題に目が行きがちですが、被収容者が出所した後に復帰する社会のシステムや、彼らの意識変化にも目を向けていかなければならないと考えさせられました。将来、法律分野を扱おうとしている立場としては、今回の視察を貴重な体験として心にとどめておきたいです。

## これで刑罰を受けているといえるのか

岩瀬龍之介（工学部1年）

　2018年10月15日、私は札幌刑務所の視察を行ないました。本レポートでは、視察前後の考え、視察を通して見えてきた刑務所が抱える課題について記述していきます。

　視察の2日前、私たちは帯広刑務所で医務スタッフを務める紺野医務官から矯正医療や被収容者の生活、彼らに対する社会復帰支援について話を伺いました。話を通して、被収容者は手厚く管理されていることを知りました。一方で、被収容者は刑務官に「番号」で呼ばれ、1人1畳の8人部屋に収容されるなど、行き過ぎにも思える刑罰が現存している実情も知りました。

　紺野医務官によると、先日、被収容者同士でケンカが発生し、殴りかかったほうがケガをしたため、医療処置を施したそうです。しかも、その処置費用は「公費」で賄われます。もし、行き過ぎに思える刑罰が被収容者に必要以上のストレスを与え、これが少しでもケンカを誘発する要因になったとすれば、その刑罰は正当といえるのでしょうか。今回の視察では、とくに刑罰と人権擁護のバランスに注目したいと思います。

　地下鉄南北線北18条駅からバスに乗ること約20分、交通量の多い大通りを曲がると、100メートルほど先に「撮影・録音禁止」と書かれた看板が見えました。看板を横目に道を進むと、左手には差し入れ用の売店、右手に団地がありました。売店の窓には鉄格子がはめてあり、お菓子や筆記用具、洗面用具に加え、シャツや下着なども置いてありまし

た。売店からさらに200メートルほど行くと、灰色のきれいな塀、その奥に中央部分がガラス張りのモダンな建物（刑務所）が見えました。平成26年（2014年）9月に改築工事が完了したばかりだそうです。

　総務部長に話を伺うため中に入ると、内部もやはりきれいで、物が少なく整然としていました。会議室で総務部長に伺った札幌刑務所の基本データのうち、とくに重要なものを次にまとめます。

- 収容対象者：20歳以上で刑期が10年未満の犯罪傾向の進んでいる者
- 収容人数対定員比：1345/2515(53.5%)
- 職員数：335人
- 罪名内訳：覚醒剤40.6%、窃盗31.9%、詐欺8.9%
- 平均刑期：3年3カ月
- 平均年齢：50歳
- 平均入所回数：5回（最多は22回）

　総務部長のお話のあと、刑務官に刑務所の中を案内してもらいました。会議室から、隣接する収容棟までは歩いて2分ほど、個人認証機付きの扉を2つ通り抜けて中に入ります。刑務官は他の刑務官とすれ違うたびに、大きな声で「敬礼」を交わしていました。また、壁には非常ベルボタンが設置されていました。

　まず案内されたのは、収容棟内にある医務部。CTやX線装置、緊急手術ができる設備が整っていました。診察を受けられるのは月2回程度ですが、被収容者の健康管理は国の責任であるため、被収容者はこれらの医療処置を無料で受診できます。

　次に、飛び降りができないよう、両側がアクリル板で覆われた階段を上がって向かったのは被収容者の単独室。窓、トイレのついた3畳ほどの部屋には、テレビが用意されていました。そのあとは共同室に向かいました。共同室といいつつも、収容率が低い現在、1人で使用するケースが多いそうです。対象になるのは工場での作業成績が良い者とのこと。彼らは8畳もの空間を1人で使うことができます。

　さらに、工場での「作業風景」を視察しました。黙々と真面目に働いている様子でした。途中、刑務官と被収容者が笑みを交えて会話をしている場面も見受けられました。工場をあとにし、炊事場へと向かいました。被収容者は、1日420円相当の食事を給されるとのことですが、内

容は充実しており、美味しそうでした。また、ここでも被収容者と刑務官が楽しそうに会話する場面がありました。

　最後に案内されたのは、精神状態が安定しないなど、一定の条件を満たした被収容者を一時的に収容する単独室（保護室）でした。窓、トイレ、手洗い場以外は何もない5畳ほどの広さを持ち、錯乱状態に陥った者がケガをしないよう壁は柔らかく、室温も完全制御されていました。視察した時は使用されていませんでしたが、ふだんは1日に1人、2人ほどを収容するといわれました。

　視察後、札幌刑務所での生活は、刑罰が行き過ぎているというよりも、むしろ“快適”であるように感じました。栄養バランスの整った食事を摂取し、個人の生活空間が確保され、本やテレビを通して外部の情報を得ることができます。そのうえ、体調がすぐれないときには無料で医療処置を受けることができます。

　これで果たして刑罰を受けているといえるのでしょうか。出所しても、働き口や身寄りのない高齢の被収容者の中には、再犯してでも「刑務所に戻りたい」と思う人も少なくないのではないでしょうか。事実、平成28年法務省公表の『犯罪白書』によれば、65歳以上の出所者の2年以内再犯率は20.4％で、29歳以下、30～64歳と比べて高くなっています。

　また、総務部長によれば、再犯防止や社会復帰の取り組みが功を奏し、被収容者数は全国で「減少傾向にある」といっていましたが、同『犯罪白書』によれば、入所受刑者の「再入率」は平成18年以降10年で10％ほど増加しています。これは、過去10年では前述した再犯防止や社会復帰の取り組みがうまくいってない可能性を示唆しています。国は、高齢受刑者の再犯動機を調査したり、とくに高齢被収容者の処遇や再犯防止策について見直すなどして、少しでも出費を抑える努力をする必要があるのではないでしょうか。

　今回の視察を踏まえて以降は、とくに「高齢被収容者」と「再犯防止」に焦点を絞って刑務所の抱える課題について考察していきます。

　　〈参考〉
　　法務省表「平成28年版犯罪白書概要」、(http://www.moj.go.jp/content/001208852.pdf　2018/10/21閲覧。

## 刑務所は人間味のある小さな社会

大巻真幸（歯学部1年）

　札幌刑務所は、意外にも北大から自転車で15分の距離にありました。私は生まれも育ちも札幌ですが、こんなにも身近に刑務所があるということを今回の訪問で初めて知りました。

　刑務所内を視察する前に札幌刑務所の概要について説明を受けた際、被収容者のうちの40％は「覚せい剤」にまつわる罪で収容されていると聞き、「手を出そうと思えば出せてしまう距離」に覚せい剤が存在している現実を実感しました。次いで、被収容者の30％は窃盗罪で収容されているとのことでした。

　被収容者が生活する区画に入る際には2重の扉があり、それぞれが暗証番号と刑務官の静脈認証によって厳重にロックされていました。市民の日常を脅かさぬように、しっかり対策をしているというアピールも兼ねているように感じましたが、警備は万全のように思えました。

　刑務所内の施設は、あらゆる意味で被収容者に対する気配りがなされていました。上空から見ると「カニのようだ」と形容される施設の胴体部分は吹き抜けになっており、人ひとりが通れる階段が張り巡らされていました。これはアミダクジのように、通路を選択できるようにすることで、移動の際に被収容者同士を無用に接近させることがないようにするためだそうです。階段や2階はすべて3.5メートルくらいと思われる樹脂製の壁で囲まれており、飛び降りを未然に防いでいるようでしたが、透明な樹脂だったためか圧迫感はまったく感じませんでした。

　医療部に案内された際、春から常勤の精神科医が採用となり、「たいへん助かっている」と刑務官がいっていました。薬物依存に対する精神療法はもちろんのこと、認知症を患う被収容者の診療もするのだそうです。塀の中も"高齢化"が進んでいるということは耳にしたことがありましたが、現実に札幌刑務所の平均年齢が50歳、最高齢が85歳と聞くと、考えさせられるものがありました。

　被収容者の入所回数は平均5回で、「再犯率」の高さと「更生」の難しさを実感しました。刑務所では、被収容者は本人の希望も考慮のうえで社会復帰に向けた職業訓練を兼ねた作業に従事しますが、精神状態や

16

IQによっては従事できる作業が制限されるのだそうです。「IQによっては……」という言葉を刑務官が発した際、刑務所での教科指導だけでは対応できない被収容者の存在が窺い知れました。札幌刑務所にも当てはまるかどうかはわかりませんが、知的障害を持つ被収容者が「一定数いる」という記事を何度も読んだことがあります。このことの信憑性も含め、どのようにすれば彼らの社会復帰を促し、再入所率を下げていくことができるのかを今後考えていきたいと思います。

　刑務所では、被収容者は厳しい規則のもとで生活していました。刑務所内の秩序は刑務官によってしっかりと維持されており、被収容者の中で力関係が発生したり派閥が生まれることを防ごうとしていました。このような厳しい規則がある一方で、自由時間も確保され居室でテレビを見ることができ、囲碁やカラオケなどのクラブ活動も存在しています。

　本人の意思に反して、憲法上の身体の自由を奪っているという理由で、医務部長から見ても「これでもか」というほどの医療が無料で提供されています。基本的人権との兼ね合いで非常に難しい問題であることも考慮しても、この「居心地、待遇の良さ」は少し行き過ぎではないかと感じました。ここにメスを入れることも再入所率を下げるためには必要ではないだろうかと思います。

　ここまでは、あえて少し批判的に今回の刑務所視察を振り返ってきましたが、私が抱いていた刑務所に対するネガティブな認識が間違っていた部分も多くありました。その一つが、刑務所の中にあふれる「人間味」です。刑務所というところはもっと冷たく怖いところで、刑務官は被収容者のことを"モノ"のように処遇していると思っていましたが、刑務官たちの言葉からは、出来の悪い生徒のことを話す懐の深い先生のような印象をどことなく受けました。

　刑務所内を視察している際、吹き抜けの反対側を大人数で移動する被収容者の集団を遠目から見る機会があり、足早に立ち去りたいような、何ともいえない恐怖を感じました。これは、覚せい剤という得体の知れないものに手を出した、何をするかわからない「危険な人間」という、漠然としたイメージに基づく恐怖だと思います。本来は、見学者と被収容者がニアミスしないように案内することになっているのでしょうが、私たちはその被収容者の集団を遠目に見たあと、1人の刑務官が2人の

被収容者を連れている場面に遭遇しました。刑務官は、私たち15人が通り過ぎる間、2人に壁側を向かせ、私たちと被収容者の間に立っていました。これは私の受けた個人的な印象ですが、刑務官は私たちの安全を守ると同時に、私たちの視線から被収容者を守り、安心感を与えているように感じました。その2人の被収容者のうちの1人は、緑の作業服と緑の帽子をかぶった白髪まじりの年配の方で、私たちをチラチラと見ていました。一見するとどこにでもいるようなおじいちゃんで、どことなく疲れた顔をしているように見えました。

　今回の刑務所視察を通して、再犯率の高さや、過剰サービスにも思えた被収容者の待遇はどの水準が適切なのかなど、現在の刑務所が抱えるさまざまな問題点を認識することができました。くわえて、そこで働く刑務官や被収容者を自分の目で見たことによって、刑務所は単なる隔離施設ではなく、「人間味のある小さな社会」だと実感することができました。これから刑務所が抱える諸課題を考えていくにあたり、とても大切な視点に立つことができたと思います。

## 矯正医療の在り方への疑問

金田侑大（医学部医学科1年）

　今回の札幌刑務所視察を経て、私が抱いた感想をひと言で表現するなら、それは「疑念」です。刑務所内は比較的清潔であり、ご飯も三食、栄養バランスの考えられたメニューを毎日食べることができ、各人がそれぞれ個室で、テレビを好きなチャンネルに合わせて視聴することも許されています。また、受刑者の医療費は原則完全無料で、健康診断も無料で受けることができ、そのうえ、刑務所内では職業訓練も行われ、資格を取得し、出所後の社会復帰に役立てることができるシステムまで整っています。刑務所が、受刑者に対して「至れり尽くせり」ともいえるような施設であるという現状を目の当たりにしました。

　ふだん私たちが生活している社会の中には、日ごろの食事もままならず、仕事に就くこともできず、空き缶などを拾って生活するのがやっとの人がたくさんいる一方で、なぜ罪を犯した人間たちをここまで手厚く扱わねばならない道理があるのだろう、と刑務官の話を聞くほどに私の

疑念はますます大きくなる一方でした。

　私は自分自身が医学部医学科の学生ということもあり、とくに矯正医療に興味を持ちました。そこで、ここでは主に「矯正医療」の現状と、それに対して私が思ったことを述べていこうと思います。

「矯正医療」とは、司法手続きによって犯罪者や非行少年を強制的に収容している矯正施設の中で行なわれる医療のことであり、法務省矯正局の管轄下にあります。刑事収容施設および被収容者等の処遇に関する法律第56条で、「被収容者の健康の保持と疾病の治療は、拘禁を行う国の責務である」とされており、疾病の予防・診断・治療は、各施設に配置された矯正医官を中心とした医療スタッフによって行なわれ、医療費は原則「国費」で賄われることになっています。医療の対象者が「被収容者」であるということ以外は、基本的に一般社会の医療とは異なるものではありません。しかしながら、症例が限られるため、医師としてのスキルアップが難しいこと、施設内の医療設備が最新のものとは限らないこと、そして何より「刑務所」という一種の特殊環境での勤務に対するマイナスイメージから、矯正医官の人数は年々減り続け、ここでも「医師不足」が叫ばれている現状があります。

　そもそも「被収容者は刑務所内で更生し、いずれは一般社会に戻り、真っ当に生きていくものだ」という大前提のもとで矯正医療は成り立っていると考えられます。そうでなければ、彼らを手厚くサポートし、社会復帰の援助を行なう意義はまったくありません。しかしながら、平成29年度版の『犯罪白書』には、出所受刑者の38％は5年以内に刑務所に再入所しているというデータが出ています。さらに、医療費が無料であることから、詐病などによって刑務作業を回避し、無料で薬を入手しようと企てる受刑者もいるようです。

　そのうえ、刑務所内では高齢化が進み、一般社会には身寄りがなく、むしろ刑務所内での生活のほうが快適と捉え、何度も犯罪をくり返す高齢被収容者も少なからずいるということも伺いました。これでは、被収容者たちに対する手厚いサポートは逆効果ではないでしょうか。被収容者の健康管理のために国費を使うことは、一種の「ムダ遣い」ではないかとさえ思えてしまいます。

　たしかに、日本国憲法では「自由権」や「生存権」が保障され、日本

国民は誰もがその権利を享受することができるとされています。しかし、受刑者たちも同じでしょうか。彼らは、一般社会において誰かの持つ権利を傷つけたからそこに収容されているのではないでしょうか。そんな受刑者たちの権利を保障しなければならない道理があるのでしょうか。自分にはどうしても納得がいきませんでした。

　札幌刑務所の矯正医官にこの疑問を投げかけたところ、「私も最初は抵抗があった。いまでも何かしらの矛盾を抱えながら、それでも仕事として与えられた責務をまっとうしている。今後、このシステムは変わっていくのではないかと思う」という返答をいただきました。なるほど、こうやって社会は回っていくのだなと思いました。既存のシステムのままでも、矛盾を感じながらも当事者が黙っていれば、世の中は何となく回っていくのでしょう。

　そもそも、医者がまず第一にフォーカスしなければならないことは「病気」の治療です。医学生ならだれもが知っている「ヒポクラテスの誓い」（医師の職業倫理の誓文）にも、次のような一節があります。

　　「どんな家を訪れる時もそこの自由人と奴隷の相違を問わず、不正
　　を犯すことなく、医術を行う」

　医者は目の前で苦しんでいる人に対して、その人の身分などに関係なく、持てる医療の技術や知識はすべて用いて、患者を救うことに専念せよという彼の言葉に則れば、受刑者であっても治療を施し、元気になってもらうのが医者としての「責務」なのでしょう。しかし、それを国家の庇護のもとで、当然のように享受しようとする受刑者を、果たして私は受け入れられるのだろうか。

　このフェローゼミを通して、矯正医療の在り方だけでなく、日本の刑務所の現状と課題、さらには「犯罪とは何なのか」という、もっと根本的な問題にまで考えを深め、さまざまな分野の仲間たちと議論をして、自分の視野を広げていきたいと思います。

　　〈参考〉
　　日本医師会：基本事項 No.3ヒポクラテスの誓い　www.med.or.jp/doctor/
　　member/kiso/k3.htm
　　平成29年版：犯罪白書　www.med.or.jp/doctor/member/kiso/k3.htm

## 手厚い医療と社会復帰への配慮

後藤田帆夏（教育学部1年）

　私がこのフェローゼミを選んだ理由は、今後、行くことがないであろう刑務所に行き、自分の経験を増やすことができると思ったからでした。しかし、実際に行ってみると、刑務所の中にいる人も私自身も緊張していて、軽い気持ちでこのゼミを選んだ自分を恥ずかしく感じました。

　とくに緊張したのは、実際に受刑者の姿を見た時です。全員で手足をそろえて歩いており、当然ながら、そこで笑っている人の姿はありませんでした。そのとき改めて、私は罪を犯した人が収容されている場所にいるのだと自覚しました。また、実際に使われている部屋などを見て、受刑者はとても狭いコミュニティの中で、社会に出ている私には想像できないような生活をしていることがわかりました。

　刑務所の中と現実社会で行なわれていることの差を感じながらも、今回の視察では、受刑者はそれほど制限されてはいないことも学びました。たとえば、各々の部屋で自由にテレビを見ることができ、希望すれば、自分が学びたいことを学ぶことができるという点です。また、まじめに受刑生活を送っていれば、制限の度合いも緩くなり、意欲次第でより多くのことができるようになります。制限が減ることで受刑生活に伴うストレスも軽減されるので、刑務所側も受刑者が過ごしやすい環境づくりに努めていると知りました。

　今回の視察で私が関心を持ったことは、「矯正医療」の意義と「再犯防止」のための取り組みの2つです。

　まず、「矯正医療」の意義について述べます。今回の視察のなかで、医師は「矯正医療を行なうことで、受刑者を病気がなく、完璧な状態にすることができる」と述べており、これは矯正医療がいかに手厚いかを示しています。なぜそんなに手厚いことをするのかという質問に対して、「国が受刑者本人の意思に反して拘束しており、生存権や身体の自由を尊重するためにも矯正医療を行なっていることに加え、再犯防止や人間形成を行なうため」という答えが得られました。

　たしかに、矯正医療を行なうことで受刑者の健康は維持され、すぐに

異変に気づくことができると思いますが、治療を無料で定期的に受けられることは少しやりすぎなのではないかと考えます。社会の中にも、お金がなくて十分な治療を受けることができない人がいる一方で、罪を犯した人が「無料」で手厚い治療を受けられることは不公平なことだと感じました。また、受刑者だけでなく、受刑者を監視する刑務官や医師自身も、日々、罪を犯した人と接しているストレスが蓄積しやすい可能性があり、刑務所で働いている人の健康の配慮もするべきではないかと感じました。視察後の質疑応答の際に、医師自身も仕事として診療するということと、受刑者に無料で医療を提供するということの間に"矛盾"を抱えながら仕事をしていることを聞き、矯正医療の意義は今後の課題でもあると思いました。

　次に、「再犯防止」のための取り組みについて述べます。今回の視察で、札幌刑務所の被収容者における罪名として覚せい剤取締法違反が約40％、窃盗が約30％であり、1人当たり平均「5回」刑務所に入っていることを知りました。覚せい剤については依存度が高く、窃盗においても近年高齢化の影響で金銭的余裕のない高齢者が増え、出所後も生活状況が安定せず、窃盗をくり返してしまうということも一因であると考えます。このように、再犯防止をすることは、刑務所内での働きかけだけでなく、社会にも目を向けなければならず、とても難しいことだといえます。

　しかし、今回視察に行って、自分が想像していたよりも刑務所における再犯防止のための取り組みはなされていると思いました。なぜなら、刑務所の組織は処遇部や教育部などさまざまな部署からなり、受刑者は社会生活に適応するのに必要な知識や生活態度を習得させるために行なう一般改善指導だけでなく、受刑者各々の特性に応じて行なう特別改善指導など、さまざまな指導を受けることができるからです。とくに、特別改善指導には薬物依存離脱指導や交通安全指導など、特定の犯罪に焦点を当てて行なわれているものもあります。また、刑務所では改善指導だけでなく、余暇活動なども設けられており、その活動内に含まれる運動やクラブ活動など、現実社会と似た活動が社会復帰をしやすくしているのではないかと感じました。

　今回、視察を通して思ったことは、刑務所では再犯防止や社会復帰に

向けたさまざまな取り組みがなされているということです。私は、視察に行く前は「刑務所」と聞くと、受刑者が罪を償うために、決まった時間に決まった作業をしなければならない、とても制限された場だと考えていましたが、実際は、改善指導や社会復帰支援など、受刑者が社会に戻ったあとに生活しやすいよう配慮されていました。

　罪を犯したことは許されることではありませんが、受刑者は刑務所で自分なりに社会復帰に向けた努力をし、刑務所側も受刑者が再スタートするために日々、努力をしているということは忘れてはならないことだと思いました。

## 想像以上に自由が存在

新山陽花（法学部1年）

　私たちは新渡戸カレッジフェローゼミの「玉城ゼミ」として日本の刑務所の歴史と現状を知り、課題を見いだす目的で「札幌刑務所」を視察しました。刑務所の敷地内に入ることは私にとって初めての経験であり、その中には未知の世界が広がっていました。以下、私が刑務所内で感じたこと、疑問に思ったことを述べていきます。

　刑務所の敷地に足を踏み入れる時にはとても緊張しました。地図で見ても敷地は広く、集合場所を間違えそうになりました。正門の門は大きく閉ざされていて、威厳を感じるような構えでした。中に入ると清潔感、開放感であふれていました。入り口で革靴の販売をしていたのを見て不思議に思いましたが、のちにそれは被収容者の作業によって作られたものだとわかりました。会議室まではホテルにいるような雰囲気を感じていましたが、厳重に閉ざされた2枚の扉をくぐったあとは空気がまったく違うものになり、緊張感の張りつめた空間に入ったように感じました。刑務所の内部に入るのは初めてのことであり、どのようなものかも想像したことがなかったため、一気に緊張が押し寄せ、少し息苦しく感じました。

　まず、診療所を見学しましたが、その本格的な設備にとても驚きました。まるでふつうの病院のような、診察室にしっかりと整備された器具・設備を見て、私の想像していた刑務所内の診療所はとまったく見当

違いであったと思いました。とくに驚いたのは、診療科により診察室が分かれていてCT室まであったことです。そして、刑務所内でもふつうの病院と何ら変わらない高度な診察が行なわれていることが想像されました。

個室、共同部屋には必要最低限でしたが生活用品が置いてあり、娯楽が許されたスペースでした。いまは収容人数がキャパシティの50％程度のため、共同部屋も1人で使用していると聞きましたが、あの大きさの部屋は1人には大きくて、快適だろうなと思いました。私が想像していたよりたくさんの「自由」が被収容者には与えられていました。

保護室というものの存在を知らなかったのですが、ふつうの部屋では生活できない人が入れられる空間のため、柔らかい素材、大きな窓など、設備・監視がしっかりしていると感じました。

作業室では、被収容者によって作業内容は分かれますが、主にモノを作る作業が行なわれていました。入り口で見かけた革靴は刑務所内で被収容者たちが製造したものだと、ここで気がつきました。自分たちが作ったものが販売され、社会に出て活用されるという、「誰かの役に立つ」ということを学ぶ良い機会になるのではないかと思いました。

刑務所の内部は、私が想像していたよりはるかに環境、設備、自由が整っていて、このことを知らない人に伝えたいと思いました。

次に、刑務所内での生活ですが、前述した通り、被収容者に多くの自由が与えられていることが驚きでした。それまでは、作業の時間以外は個室から出ることができず、テレビも本も、許されたほんの少しの時間しか見ることができないほど自由が制限されているような、ひどく冷たい雰囲気を想像していましたが、刑務所の中には想像以上に自由が存在していて驚きました。

食事も、私たちが中学校まで食べていたものとほとんど変わらないし、パンや甘いもの、季節に合わせたメニューなど、食事にも楽しみを持つことができてよいと感じました。また、定期的にあるカラオケ大会、運動会などのイベントも楽しめて、ストレス発散にもなり、他の被収容者との関係を築くよい機会になるのではないかと思いました。

刑期を終えたあとの「社会復帰」に向けた職員からの全面的なサポートも、暖かさを感じさせます。たくさんの人が刑務所に対して抱いてい

る冷たいイメージとは裏腹に、意外と明るい雰囲気であることを、もっと知ってほしいと思いました。

　健康面に関しては必要最低限の処置だと思っていましたが、私たちがふだん受けているより数倍も手厚い診察が受けられることは本当に驚きでした。しかし、少しの疑問も感じました。なぜ法を犯し、裁かれるべき者が無料で医療を受けることができるのか。いま高齢化が進む社会で何度も「予算が足りない」といわれているのに、被収容者にそこまでする理由は何か。もっとほかの使い方はないのか……。これらの疑問は、憲法に反して、本人の意に反して強制的に身柄を拘束されている被収容者に対し、国が生存権と身体の自由の権利保障のため医療費を出しているという話を聞いて納得することはできましたが、まだもっといいお金の使い道があるのではないかと思います。

　実際、刑務所内の"高齢化"も進んでいるということから、今後、もっと医療や介護に対するコストはかかることになるでしょう。矯正医官の方も「医療費完全無料というのは、今後変わっていくのかもしれない」といっていました。また、刑務所は医療費が無料であり、最低限の生活とある程度の自由が許されている環境であるため、生活が保障されることを理由にして、再び罪を犯す人もいることが問題です。

　いままで刑務所について考える機会がなかったからなのか、私は刑務所について驚くほど何も知りませんでした。刑務所の内部がどんな様子か想像もできませんでしたし、しようともしていませんでした。囚人がテーマとなる映画のイメージから、なんとなく薄汚くて暗い雰囲気を想像してしまっていましたが、それは間違いだとわかりました。

　刑務所内で聞いたもの、見たものは、どれも私にとって新しいものであり、興味をとても刺激されるものでした。視察が終わったいまでも、私は刑務所について無知に等しく、何が課題なのかよくわからない状況です。これから日本の刑務所の現状について考え、自分なりの意見を持てるようになりたいと思います。

## 一つの社会、開かれた施設へ

齋藤未衣花（法学部1年）

　札幌刑務所視察を通じ、感じたこと、学んだことをまとめます。

　まず、刑務所の「外観」について感じたことを述べます。私はいままで、刑務所の外観について、古く、鉄筋コンクリートでできた薄汚いようなものを想像していました。しかし、実際にはまるで何か重要な機関であるかのような外観であったため、衝撃を受けました。刑務所はただ人を閉じ込める場所ではなく、「一つの社会」として成り立っているものだということをこのとき実感しました。

　また、放射状になっている建物の外観に、「これは何か理由があってこのような構造になっているのだろうか」と疑問に思いました。なぜなら、漫画の影響で、「中心から放射線に房が広がっている刑務所」は昔のものだと思い込んでいたからです。札幌刑務所のように新しい建物でもそのような構造になっていることが不思議に感じました。

　次に、刑務所内の「暮らし」についてですが、刑務所内に足を踏み入れ、まず驚いたのは内部がホテルのようになっていることでした。広い吹き抜けと、きれいな階段があり、内装が整っていることに衝撃を受けました。また、ゴミが1つも落ちていないことも感心したことのひとつです。小・中学校の頃に宿泊研修で訪れた「青少年の家」のような印象を覚えました。また、被収容者それぞれの「部屋」も予想以上に充実していました。家具の配置など、ルールによって厳しく定められているとしても、一般の社会で生活する人の暮らしと遜色ないのではないかと思いました。

　刑務所内に図書館施設があることにも驚きました。危険な思想を含むものや過激な表現のあるものには、墨塗りがされたり、読むことが禁止されたりするということでしたが、多くの場合において「読書」の自由が認められていることは大きなことではないかと思いました。なぜなら、私は読書が人格形成において大きな影響力を持つと考えているからです。私自身も、いままで本に影響されて、さまざまな考え方を学んだという自覚があります。社会復帰のため、正義感を持たせるような本をたくさん読むよう勧めるべきだとは言いませんが、自分の殻に閉じこも

らず、さまざまな考え方に触れることは大切なことだと思います。

「食事」については、サンプルを見て、豊富なバリエーションがあることを実感しました。帯広刑務所の食事のサンプル写真を見たときにも感じましたが、まるで小・中学校の頃の「給食」であるかのような、温かみのある食事でした。献立も、一般社会で人々が摂る食事よりも栄養バランスが整っていて、被収容者の健康状態への配慮が窺えました。

工場での労働や集団での運動など、1日が身体的に不健康なものとならないような仕組みができ上がっているのだと感じました。その一方で、「保護室」のような一般では考えられない施設も存在し、一般社会とは違う特殊な部分を内包していることもわかりました。

身体的には健康的に見える生活でも、刑務所に収容されているという事実や毎日が同じことのくり返しであるということから、被収容者たちは精神的に健康な状態だとは言えないと考えます。精神的な自由が制限されていることが、罪を犯したことの代償であるのかとも思いました。

札幌刑務所内の「被収容者」たちは、エメラルドグリーンの作業着に身を包み、坊主もしくは短いスポーツ刈りの頭であり、被収容者という統一された分類に置かれていることを自分の目で確認できました。私たち見学者がそばを通る際には後ろを向いて待機しており、一般社会とはあくまで隔離された環境にあるということがわかりました。自殺を図ろうとする被収容者の存在を改めて認識し、刑務所に収容されることのストレスがどれほど大きなものであるかを実感しました。

また、ジェンダーへの配慮がなされていることにも感心しました。以前ドイツに滞在した時に、ベルリン市内の「レインボーハウス」（性的マイノリティの支援施設）で、ナチス政権下で捕らえられたゲイやバイセクシュアル、トランスジェンダーのユダヤ人たちは特別に印を付けられていたと聞きました。当時は、性的に周りの人と少し違う趣向を持っているだけで"さらし者"にされるような収容方法がとられていたのです。現在では、個々人の人権が尊重され、個々に応じた配慮がなされるなど、「個人の権利」が重視されていて、それは喜ばしいことだと思いました。

刑務所における「矯正医療」の存在を私が知ったのは、帯広刑務所の紺野医師の講義を聞いたときです。人間としての最低限の健康が守られ

ていることに感心する反面、健康診断など、一般の人でも十分に享受で
きているか分からない医療まで国のお金で賄われていることに、私は少
しやりすぎではないかと感じました。被収容者というのはあくまで罰を
受けるべき存在であり、その人たちに最低限以上の医療が施されている
ことは、日本国民全員が納得できることではないのではないでしょう
か。

　刑務所視察という、めったにすることのできない経験ができ、勉強に
なりました。私たちの見学を受け入れてくれたように、刑務所という施
設が開かれたものであることは大切なことだと思います。なぜなら、予
算や制度上での話し合いは誰もができることであるけれど、実際の生活
を見ることによって、刑務所というものに感じる印象は大きく変わって
くると考えるからです。

「死刑制度」の存続についての議論を目にすることが多くなった昨今で
すが、「被収容者にとっての必要最低限の医療はどの程度か」や、「刑務
所職員や被収容者個々の人格への配慮がどのようになされるべきか」と
いうことのほうが、先に議論されるべきであると考えます。


## 受刑者の待遇差と刑務官へのまなざし

佐藤日菜子（総合文系1年）

　本レポートは、この現地視察で私がどう感じ、どのような考えを持つ
ようになったかを明らかにするものです。このために［1］［2］で、私
が注目した事柄について説明します。まず、刑務所における受刑者の扱
われ方の違いに関して考察します。次に、私がゼミの他のメンバーの質
疑応答を通して気づいたことについて述べます。

### ［1］受刑者の待遇における違い

#### ① 受刑者を考慮した待遇差

　視察前の私は、受刑者における労役の種類、食事の量、居室の種類
（個室か集団室か）などの待遇差は刑罰の重さによって生まれるものだ
と思っていました。しかし、総務部長の話によると、そうではないこと
がわかりました。たとえば、刑務作業の種類については、受刑者の知的
能力に応じて刃物を使う業務をさせるかどうかの判断がなされるし、食

事の量は作業の重さに基づいたものでした。また部屋の種類は、基本的に受刑者が作業する工場ごとに割り振られますが、作業での成績や、受刑者自身が引きこもりか、以前の居室は個室だったかどうかなども加味されていました。

このことを知り、自分が刑務所に対して、「刑の重さで待遇の厳しさが変わる」という、意外にも昔の監獄のようなイメージを持っていたことを思い知らされました。それとともに、実際の刑務所では受刑者個人の事情を配慮して待遇差が設けられていることに、受刑者の人権は想像以上に確保されていると感じました。

### ②待遇差と平等

一方で、これはあってよいのかと思われる違いもいくつかありました。例を挙げると、まず受刑者の「髪型」の規定における男女差があります。法律により、男性は坊主かスポーツ刈りに限定されているのに対し、女性は髪型の指定はありません。これはほんの些細な例ですが、もっと重大な差も見受けられます。これは収容先の違い、具体的には受刑者が収容されるのが札幌刑務所か、帯広刑務所かといったことです。

視察に先だった、紺野圭太医師による講義では、札幌刑務所の建物は新築できれいであるのに対し、講師の勤務する帯広刑務所は古く、とくに冬の寒さが厳しいということでした。実際の札幌刑務所視察でも、建物の「居心地の良さ」を確認しました。施設がきれいかどうかならまだしも、建物の古さのために必要以上に寒いということは、受刑者の「生活の質」に関わることです。

また、①で指摘した受刑者の「居室」の種類についても、同様の問題があるのではないかと考えました。①で述べたように、部屋を決める判断基準として受刑者個人の事情が加味されていることについては人権が守られているということができますが、基本的には作業工場ごとに割り振られる点が引っ掛かりました。もっとも、札幌刑務所では受刑者の収容率が50％と高くないため、基本的に個室に収容されうるうえ、集団室でも受刑者1人で使用することができ、この割り振り方でもとくに問題はありません。しかしながら、帯広刑務所では集団室も普通に使われるといいます。集団室は1人1畳で8人が使う大部屋で、受刑者同士のケンカも起こり、場合によっては骨折に至ることもあるそうです。収容さ

れる部屋が個室ではなく、集団室になるだけで、満足に手足を伸ばして眠ることはできなくなるし、大ケガをするかもしれないというのです。そして集団室に入るかどうかは、ほとんど、どの工場で労役をするのかで決まるのです。この仕組みは果たして妥当なのだろうかと思われました。今後のゼミではこの点について深掘りしていきたいです。

［2］刑務官に注目することの乏しさ

　現地視察の最後に設けられた質疑応答で、ゼミのメンバーの一人、齋藤未衣花さんは「自分の認知する性と実際の性が一致しない受刑者の配慮はどう行なわれているのか」という質問をしていました。これに対する総務部長の「みなさんは受刑者の人権のほうによく注目されるのですが、刑務官への配慮も問題になってきているのですよ」という言葉にハッとさせられました。受刑者が入浴・着替えをする際には刑務官の監視が必要になります。ここで、受刑者自身が自分の性別は女性だと認識しているが、体が女性になりきれていない場合、この受刑者に配慮して女性の刑務官に監視をさせるというのは逆に女性刑務官への配慮が足りていないのではないかということでした。この質疑応答において、昨今話題の性的マイノリティとの共存が、刑務所内ではどう図られているのか、ということはたいへん興味深く感じました。

　しかしそれよりも、刑務所というものを考えるとき、自分の意識が受刑者に向き過ぎ、刑務官には向きにくかったことに気づかされました。罪を犯して拘束されているという、自分たちとはかけ離れた生活をする人にばかり焦点を当て、視野が狭まっていたことを実感しました。これをきっかけに、ゼミでは「刑務官」にフォーカスした活動もしてみたいと思いました。

　最後に、［1］では主に受刑者の「待遇差」であってよいのかと思われるもの、［2］では私が「刑務官」に焦点を当てることがほとんどなかったことについて述べました。今後のゼミでは刑務所における課題発見と討論が行われますが、その際にこれら気づいたことや問題意識を大いに活かしていきたいです。

## 精神科医の常駐を望む

関根かれん（医学部医学科1年）

　私が今回、札幌刑務所視察を終えて感じたことは3つあります。

　まず1つ目は、刑務所内の医療、すなわち「矯正医療」が無償で提供されていることに疑問を覚えたことです。一般人は通常3割の医療費自己負担があります。一方、被収容者は医療費を負担しなくてよいのです。まじめに働いて社会に貢献している人が、罪を犯して刑務所に収容されている人と同じ医療を受けるのに被収容者よりお金がかかってしまうのは少しおかしいと感じます。

　また、こうして医療が無償で提供されるために、違法薬物を使用していた人がクスリ欲しさに体調が悪いとウソをついたりすることもあれば、刑務所での孤独感から他人に気にかけてもらいたいと思った人が何らかの治療を望むこともあるそうです。このような状況を解決するために有効なのは、被収容者に医療費の1割を負担してもらうことだと思います。こうすれば、被収容者も不必要な医療を受けないようになると思います。

　2つ目に感じたのは、刑務所への収容だけでは被収容者の「更生」に不十分なのではないかということです。訪問した札幌刑務所の被収容者のうち、覚せい剤取締法違反が全体の40.6％、窃盗罪が全体の31.9％を占めています。これらの罪が、起訴された罪の1位と2位を占めているそうです。このような人々にとって、刑務所で与えられた刑期を過ごすことが更生につながるのでしょうか。違法薬物使用者は体が薬物でおかされているため、刑務所内でもつねにクスリを欲していて、頭の中は薬物のことでいっぱいです。

　矯正医療の問題点でも述べたように、クスリ欲しさに医務部を訪れる人もいます。そのような人が刑期を終え、再び社会に復帰したときどうなるのでしょうか。刑務所内ではつねに監視の目があって違法薬物は手に入らず、また毎日規則的な生活を過ごしていました。しかし社会に出ると、いつでも違法薬物が手に入る環境があり、生活も刑務所内ほど規則的ではなくなります。再び薬物に手を染めてしまう危険性は大いにあると思います（**図1-1**参照）。

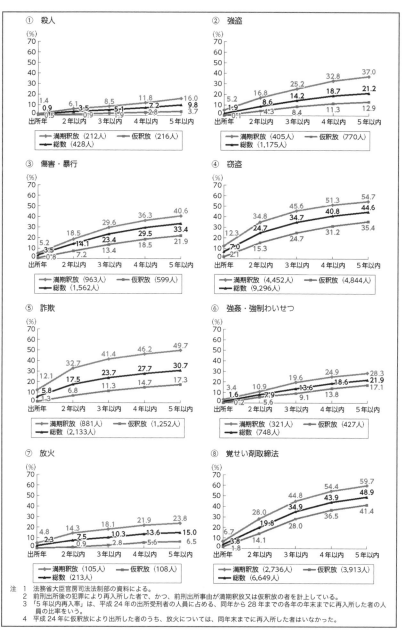

① 殺人

(%)

② 強盗

(%)

③ 傷害・暴行

(%)

④ 窃盗

(%)

⑤ 詐欺

(%)

⑥ 強姦・強制わいせつ

(%)

⑦ 放火

(%)

⑧ 覚せい剤取締法

(%)

注 1 法務省大臣官房司法法制部の資料による。
　 2 前刑出所後の犯罪により再入所した者で、かつ、前刑出所事由が満期釈放又は仮釈放の者を計上している。
　 3 「5年以内再入率」は、平成24年の出所受刑者の人員に占める、同年から28年までの各年の年末までに再入所した者の人員の比率をいう。
　 4 平成24年に仮釈放により出所した者のうち、放火については、同年末までに再入所した者はいなかった。

図1-1　出所受刑者の出所事由別5年以内再入率（罪名別）
出典：平成29年版犯罪白書（法務省）

そのような状況を打開するために有効だと思うのは、違法薬物使用者の更生施設への入所を刑務所への収容の代わりに、もしくはそれと併せて行なうことです。このような施設は近年「回復支援施設」と呼ばれるようになっています。回復支援施設は現在日本全国に広がっていますが、ほかの先進諸国と比較すると依然少ないという状況です。また、このような施設への入所は、薬物依存者にとって強制ではなく、本人や家族の判断に任されています。薬物依存者が本当に薬物から解放されるためには、刑務所への収容以上に回復支援施設への入所が必要だと、私は思います。回復支援施設は現在、NPO（特定非営利活動）法人などによって運営されていますが、全国で施設数を増やし、すべての違法薬物依存者に「依存症」から立ち直ってもらうため、施設の運営に政府が乗り出すべきだと私は思います。

　そして違法薬物使用者のほかに「窃盗罪」で収容されている人もいます。窃盗罪を犯した人の多くは背景に「生活困窮」を抱えています。刑務所では毎日食事が提供され、眠るところがあります。また入浴も数日おきにできます。ところが刑務所から出所したとたん、住む場所はなくなり、食事も提供されません。また、前科があると仕事を得にくいということもあり、生活に困って再び犯罪に手を染めてしまうことが多くあります（**図**1-1参照）。

　このような被収容者を本当に社会に復帰させるためには、政府によるしっかりとした社会保障が必要だと思います。被収容者だけに責任があるのではなく、私たち社会全体でつくり出してしまったのだと思います。よって私たち社会が彼らを助けるべきです。

　3つ目は、刑務所での医師不足、とくに「精神科医」不足の問題です。なぜ精神科医が刑務所にとって重要なのでしょうか。

　刑務所内では「被収容者のプライバシーが守られていない」と私は感じました。被収容者には単独室や共同室などの部屋が与えられますが、そこは外から見えるようになっていて、つねに刑務官の監視のもとにあります。また部屋のトイレには衝立が置かれているだけだったり、トイレが個室でも窓が開いていたりします。さらに、訪問した札幌刑務所の医務部のトイレは、ドアが黒いガラス張りになっていて、外から中の様子を確認できるようになっていました。

このように、つねに誰かから監視されている状況では、被収容者はストレスが溜まると思います。そして、ストレスに耐え切れなくなると異常行動を起こすことも考えられます。ただ、被収容者の監視は、刑務所内の秩序維持や被収容者の逃走防止のために不可欠です。そこで必要となってくるのが、精神科医による診療です。医師に話を聞いてもらうことで被収容者のストレスは大幅に軽減されることと思います。また、精神安定剤や睡眠薬を服用することで症状は和らぎます。

　訪問した札幌刑務所では定期的に診察を行なってくれる精神科医がいない状況が長く続いていたそうです。そして最近、やっと、定期的に診療を行なう精神科医を確保できたそうです。ほかの刑務所でも医師不足の事態は同様のようです[1]。

　精神状態が不安定になりやすい被収容者にとって、精神科医は不可欠の存在です。刑務所で働くことが医師にとって魅力的に感じられるような制度やシステムをつくり、医師不足を解消することが必要だと思います。

　〈参考〉
　　1）塀の中も医師不足：MRIC：by医療ガバナンス学会：http://medg.jp/mt/?p=3101：深刻化する刑務所の医師不足：日向正光 https://webronza.asahi.com/national/articles/2016070400001.html）
　　全国ダルク　薬家連　2018/10/22閲覧　http://www.yakkaren.com/zenkoku.html
　　特定非営利活動法人　DARC　2018/10/22閲覧　　http://www.t-darc.com/

## 疑問がグツグツわいてくる

竹上知里（文学部1年）

　私は、第2弾の見学で札幌刑務所を訪れました。本文では、そのさい感じたことを以下2つにまとめます。1つは、服役期間は「獲得」のための時間でもあるのではないか、ということ。2つ目は、刑務所の職員の置かれている立場は非常につらいものではないか、ということです。

[1] 服役によって「獲得」する

　私がもっとも強く感じたのは、刑務所は、単に受刑者が時間と空間における自由を制限されて、時が消費されるのを待つための場ではなく、社会に戻るために必要なものを獲得する場、準備期間を過ごす場だ

ということです。それまで私は、犯罪者を独房で1人きりにし、深くものを考えることを妨げるさまざまな要因を排除することで、自分と向き合わざるをえない状況下に置く、というイメージを刑務所に持っていました。しかし、そうではありませんでした。罪を犯した人から悔いる気持ちが自然とわいてくるのを待つのではなく、実際は、そうした気持ちを獲得するための「被害者感情理解指導」をはじめとする、さまざまな「改善指導」が教育専門の職員によって行なわれていました。

　服役期間に獲得できるものはほかにもありました。「健康」です。札幌刑務所は、疾病を治療する医療所という性格をも有しており、医師が常勤しています。罰金刑が払えないため、労役受刑者として服役する方は日頃から医療を受けられておらず、入所時の健康診断で自身の疾病が初めてわかる、ということもあるそうです。健康状態は出所後も継続して見守ってもらえるといいます。出所後の治療についてもできるだけ継続できるよう、刑務所では必要に応じて出所時に数日分の処方薬や（病院受診時に持参する）診療情報提供書を交付しています。そうした心配りが胸にしみました。

［２］刑務所の職員のつらい立場

〈疑問がグツグツわいてくる〉

　刑務所にとっての成功とは、なんといっても受刑者の更生であり、受刑者をなんとか社会に送り返して犯罪者人口を減らすことである……。刑務所の職員がこのことを大切にしていることが言葉からひしひしと伝わってきました。しかし、二度と罪を犯すことがなければ「更生・解決」ということになるのだろうか、と考え込んでしまいました。どの時点で罪を償ったことになるのでしょうか。そうしたモヤモヤとした気持ちについても、ふたをしてしまうことなく考えます。

　私は、心がすさむような場所でどうにか踏ん張って毎日を送っている人を、のどかな土地で心穏やかに暮らしている人と、対等と見ることはできないし、同じような心持ちでいられない。だからといって、彼らを劣っているなどと見なしてしまうことは暴力的なことだと時々ふと思います。かといって、のどかな場所で暮らしている人は、苦しいことなんてないんだろうな、楽でいいな、などということを意味しているわけでは決してありません。

そのため、健康などといったものは罪を償うのに欠くことのできない土台であり、そうした土台があってこそ自分ときちんと向きあうことができるのだ、刑務所でそうした土台を獲得することはきわめて大切なことだ、ということはわかる気がします。それゆえ、受刑者への待遇を苛烈にしても良いことなどない、ということも理解できているつもりでいます。

　しかし、もし受刑者の罪が被害者という存在を生み出してしまう性質のもので、私自身がその被害者やその家族であったとしたらと想像すると、受刑者が社会に戻っているという状態が再犯が防がれているということを意味しているのだとしても、加害者が社会に戻れるということ自体が許せないという思いがします。刑務所が最後の砦であるはずなのに、何年かの受刑、それだけで終わりなのか、と思ってしまいます。

　加害者には、社会に戻るための「刑務所」という場が与えられています。しかし被害者や、被害者および加害者の家族の方が、自らの人生を取り戻していくための場は、公的には築かれていないと思います。加害者の心の中が変わらないままでは、心に何の区切りもつけられません。たとえば、過失で人をひき殺してしまったことを、その瞬間から悔い、苦しむことのできる人にとっては、刑務所での自由刑がなくとも、いくら悔いても償うことはできないという苦しみが罰となるでしょう。

　しかし、そのような気持ちが一向にわいてこない加害者にとっては、自由刑でひととき時間と空間の自由を奪われても、それは単に乗り切るだけのものに過ぎないのではないでしょうか。だとしたら、前述の被害者感情理解指導に確かな意味はあるのでしょうか。人を殺めることを何とも思わない、さらにいえば、喜びを感じる人や、虚偽の精神疾患を口実に罪を免れる人や、少年法を盾にして平気で罪を犯す若者には、現行の自由刑は罰にならないのではないでしょうか。考えれば考えるほど、こうした疑問がわいてきてしまうため、私は今の制度のすべてに納得できているとは言えません。

〈両者の立場に重心をおくこと〉

　それでも、もし「自分が加害者側であったとしたら」とも想像してみます。すると、この先、どんなに悔やんでも、どんなに真面目に生きていっても、未来の犯罪の可能性をつねに内包する人物として見られ続け

ることが思われ、胸が詰まります。満足な食事や清潔な設備だけを取り上げてみると、きちんとした生活が送れているように見えてしまいます。しかし、ここで望まざる生活を、2泊3日などではなく、何年も送っていくということはどういうことなのか、ということも考えなければならないと思いました。

　私は多くの視点を欠いています。そもそも私が、加害者側の立場に立った想像をするより先に被害者側の立場に立った想像をしたのは、「自分は罪を犯さないだろう」という過信があるからだということに気づいてしまいます。

　加害者と被害者両者の思いを想像するなかで、さらにはっきりと気がついたことは、両者の気持ちを想像しようと試みることはできたとしても、中立の立場にうまく立つことはあまりにも難しいということです。思いを向けている一方の立場に重心をかけると、沈み込んでしまいます。そのようにどちらかに沈み込んでしまう足を、絶えずどうにかして引き抜いて、日々受刑者と向き合っているのが「刑務所の職員の方なのだ」と気づいたとき、私はハッとしました。

　もしかすると、「犯罪者に甘すぎる」という不満が多くの人々から生じてくるのは、被害者やその家族の感情を含めたすべての解決を、刑務所での服役制度一つに期待し、背負わせようとしているからなのかもしれません。

　刑務所は犯罪者の更生を担う一機関でしかなく、警察署や裁判所や更生保護施設などの諸機関が力を合わせることで、ようやく事件は一定の区切りを迎えられること、そこには多くの人が関わっており多くの人の思いがあること、そこで職員が日々やりきれない思いを抱えながら、それでも目の前にある今できることに取り組んでいくしかないと心を砕いているということを、心に留めなければいけないと強く感じました。そうした職員の思いを知ることもなく非難することもまた、暴力的なことの一つなのかもしれません。

## 刑務所の役割と存在意義

田中咲穂（文学部1年）

　刑務所を訪問する前のイメージは、ステレオタイプかもしれないが「暗くてジメジメしたところ」というものでした。よく映画で観るような、入り口が鉄格子のコンクリートの部屋で、毛布が1枚与えられているだけという光景を想像していました。実際に訪れてみると、それは少なくとも札幌刑務所においては間違っていたことがわかりました。また、訪問前の講義で、食事や医療面はしっかりしていることがわかっていましたが、それ以外の、たとえば作業や自由時間については恵まれておらず、率直にいえばあまり人間らしい生活は送っていないのではないかと考えていました。

　まず、立地条件からして違っていました。罪を犯した人を隔離するという目的を持つ刑務所なのだから「へんぴな場所」にあると思っていました。しかし、札幌刑務所は飲食店が立ち並ぶ大通りの近くにあり、まわりの人通りも多かったのです。建物も想像の何倍も大きい近代的な新しいビルで、刑務所だということは一見してわかりませんでした。実際に中に入ると、ふつうの役所のような感じで事務員の方がいました。そして会議室があることにも驚きました。そこで受けた説明で、現場には出ない所長などの役職の人がいること、会計課や庶務課など、一般企業と同じような組織があることがわかりました。中を見学する前段階でずいぶん印象は変わりました。

　そして見学が始まりました。まず気がついたのは、内装が“白い”ということと、窓に格子が付いていることでした。「やはり刑務所なのだ」と感じました。しかしとても清潔で、格子がなければ病院にも似ています。窓はくもりガラスで光は少ないものの、白いためか暗い印象は受けませんでした。見学した施設としては、診察室や作業場、居室などがありました。診察室はMRIなど最新の機械があり、設備が充実しているように感じました。歯科や内科、外科など複数の科がまとめてあり、治療は「無料」ということもあって、病院が近くにない一般の人より「恵まれているのではないか」と考えてしまいました。

　工場では針箱や靴など、専門的な技術が必要なものを製作している

ということでした。監視する1人に対し被収容者30人の体制で、作業が黙々と行なわれていました。会議室での説明では、製作したものを「販売する機会もある」と聞きましたが、毎日8時間かけて製作される量に販売量はとうてい及ばないのではないかと思いました。それも製作が難しい専門的な作業をしている理由なのかもしれません。刑務所内で行なわれているこの作業ですが、ネット上などでは「土日休日で、毎日8時間の労働のため、自分の職場より人間的な労働環境だ」という声が上がっています。また職員の方の話では、労働賃金ではなく「報奨金」ということで、わずかながらではあるが「現金」をもらえるということでした。同じものを製作し続けるのは「シシュポスの岩」（ギリシャ神話の英雄で、転がり落ちてくる岩を何度でも山の上に押し上げる苦役に服す。徒労の意）のようで、精神的にきついところがあると思いますが、作業の条件自体は想像よりよかったです。

　次に、1日の多くの時間を過ごす「居室」を見学したのですが、ここがいちばんイメージとは異なっていました。私がイメージしていた居室は時代錯誤な「牢獄」だったのだと、訪問して気がつきました。自分の目で見た居室は、およそ4畳のふつうの部屋でした。コンクリートがむき出しなわけでも、入り口が鉄格子なわけでもありませんでした。しっかりした布団セットもありました。室内にはテレビがあり、ラジオも聞けます。また新聞や書籍などの私物も、私物バックに入る容量までなら自由だといいます。ただ、扉は外からしか開けることができないようになっており、用があるときはボタンを押して「小さな格子窓から用件を言う」という構造はふつうではありません。想像よりははるかに良い環境ですが、ここで毎日何時間も過ごすとしたらどうでしょう。現在は収容定員数のおよそ半分しかいないということで、個室になっており、1人で12畳の共同室を使う者もいるということです。でもこれは札幌刑務所に限った話であり、以前話を聞いた帯広刑務所では共同室であるがゆえに「ストレスが溜まりやすい」といっていました。私も寮の複数部屋にいて、9人で暮らしているため多少はわかりますが、狭い空間にずっと一緒にいるというのは想像を超えます。強盗、殺人ならまだしも、窃盗や覚せい剤で捕まった人がこれほどの扱いを受ける必要はあるのか、と感じました。

刑務所内の環境は、正直なところ、孤立している人やホームレスの人より恵まれていると思えます。しかし、すべてを決められていて、監視されている生活は「尊厳」を奪っているような気がしてしまいました。日本の刑務所は「生存権は保障するが自由権を制限する」というのは訪問前に聞きました。犯罪者を隔離し、更生させるという刑務所の性質上そうならざるを得ないのかもしれません。しかし、時間や空間の制限をすることは更生につながりそうに見えて、実際は刑務所という特殊環境を生み出しているため、社会に出たあとの更生につながりにくい気もします。

　外界から隔絶されたなかで「規律」を守らせることが、釈放後の自立につながるとは考えにくいです。また、生存権の保障で行なわれているバランスのとれた食事の配給や、矯正医療が恵まれすぎていることを根拠に「再犯がなくならない」とする意見もあります。しかし、逆ではないでしょうか。一般社会より恵まれていると感じる刑務所環境の異常性を主張するのではなく、一般社会が刑務所と同じ程度にすら生存権が保障されていないことの異常性を訴えるべきだと思います。

　また、札幌少年鑑別所を訪れたことのある知人は、「逮捕」というできごとによって家族、友人、職場の人など、これまで築いてきた人間関係が一気に壊され、釈放後もつながりを作りづらく、孤立しがちで、「再犯しやすいのでは」といっていました。私は、罪に問われるようなことをしたのだから、逮捕されて刑務所に入るのは仕方のないことだと考えていました。しかし、現在刑務所でも社会復帰に向けた取り組みが行われているように、ただ懲罰を目的とした施設としてでは足りない面があります。刑務所の役割や存在意義について考えさせられる訪問となりました。


## 社会で生きていくために手助けをするところ

谷内佳苗（法学部1年）


　今回、生まれて初めて「刑務所」を見ました。率直な感想は「きれい」……。この一言でした。「刑務所」に対して、昔から漠然と、鉄柵に覆われており、建物も、人々の表情も暗く、部屋はコンクリートがむ

き出しで汚く、刑務官は厳しく、全体的に色がなく、そして温かみのない場所、というイメージを持ち続けてきました。これはおそらくテレビや映画によって無意識のうちに作られたのでしょう。また、私たちの払った税金で罪を犯した人たちが何年間も無料で食事をし、無料で生活していることに対して疑問を持ったこともありました。実際、私以外にも多くの人々がこのようなイメージや考えを持っていると思います。しかし、今回実際に施設を見学したことで、「刑務所」に対するイメージや考え方が大きく変化しました。

　見学時、まず初めに向かったのは「医務部」です。内科や眼科、耳鼻科、精神科など、主要な科がそろっており、設備も本当の病院のようでした。診察・治療はすべて無料で受けることができるほか、健康診断も頻繁にあります。正直、これは受刑者を「優遇しすぎなのではないか」と、はじめは思いましたが、出所してもうまく社会に適応することができず、「再犯で刑務所へ戻ってきてしまう人が多い」と聞いて、刑務所は単に犯した罪を償わせるのが目的の場所なのではなく、受刑者がもう一度社会へ出て、もう一度自分で生き抜いていく手助けをする場所であり、そのための土台として心身の健康を整えてあげることはとても重要で、必要なことであると感じました。

　次に向かったのは、被収容者の「部屋」でした。すべての窓には柵が付いており、食事を渡すための小窓、そして内側にドアノブが付いていないドアは想像どおりでした。しかし、驚いたのは各部屋にテレビが備え付けられていたことと、趣味や娯楽のためのものが置いてあったことでした。テレビは、5時に工場での労働が終了したのち、9時の就寝時間まで自由に見ることができるそうです。

　また、私が見た部屋にはさまざまな本、マンガ、芸能人の写真、シャンプーなどがありました。衣服は指定されたものですが、下着は自由なようです。これらは基本的に所外からの差し入れで、本などは刑務所の図書館で2週間に1回借りることができるそうです。私が過去に読んだ本によると、死刑囚だと映画を見ることもできるらしいです。刑務所に収監された人々は、朝から夜まで働いたのち寝るという過酷な生活をイメージしていたがために、不自由な面も確かにありますが、私たちのふだんの生活に近い生活を送っていたということに驚きました。

部屋も光があふれる個室が与えられ、しっかりとプライバシーが確保されているとも感じました。受刑者であれども一人の人間であり、いずれは社会へ出ていきます。そのためただ閉じ込めるのではなく、なるべく社会に近い生活を送り、可能な範囲で自由を与える……。これが受刑者に寄り添った考え方なのであり、最適の方法なのでしょう。

　次に、刑務所内にある「工場」へと向かいました。工場では、たくさんの受刑者が裁縫をしていました。彼らは反抗することもなく、ただ黙々と仕事をこなしており、罪を犯したような人には見えませんでした。しかし彼らは放っておくと揉めてしまうこともあり、全体の秩序を保つというのは簡単なように見えてたいへん難しいそうで、刑務官の力量を思い知りました。

　私にとって、とても印象深かったものの一つが、受刑者たちの「食事」です。まず、刑務所に置いてあったある日の夕飯を紹介します。
「ココア、シチュー、ソーセージ、パン、マーマレード、チーズ、
　ケチャップ」
　こんな感じです。これは1カ月に10日しかないパンの日の献立です。正直、「なんて美味しそうなのだろう」と思ってしまいました。メニューは毎回変わりますが、ほかに置いてあったメニューもどれも栄養満点で、美味しそうでした。しかし、1日あたり1人の受刑者にかかる食費は約420円で、食事自体は受刑者が作るらしいです。これも偏見ですが、刑務所のご飯といえば「ご飯とみそ汁とおひたし」で、どれも少量で美味しくないというようなイメージを持っていたため、学校給食のような、栄養バランスが考えられた、バラエティに富んだ食事を見て、たいへん驚きました。このように、毎日3食きちんとバランスの取れた食事を受刑者に与え、受刑者の健康をサポートしているということがわかりました。何よりも、健康的で美味しい食事は受刑者の心を温かくしているのだと、私は思います。

　今回の刑務所視察を通して、私の価値観が大きく変化したことを感じます。これまで刑務所は単純に「刑期を務めて出ていくところ」という認識でしたが、いまは「一人の人間として豊かに成長する機会を与え、社会で生きていくために手助けをするところ」という認識に変わりました。手厚い医療や、部屋で過ごす自由な生活、刑務所内での労働経験、

温かい食事、そして刑務官やほかの受刑者との交流が、受刑者一人ひとりを成長させてゆきます。刑務所はそんなあったかい場所でした。

## 刑務所内と出所後のギャップ

徳井文香（法学部1年）

　視察前、刑務所に関して私が持っていた情報はわずかでした。テレビの特集やドラマなどで見た程度です。その中でも私が気になっていたのは、生活が厳しく、刑務所に入れば衣食住が保障されているために、わざと犯罪に手を染める人々がいるということです。もしそれが本当ならば本末転倒であるのではないかと考え、刑務所の生活環境が被収容者にとって快適なものなのかに注目して視察に臨みました。

「部屋」は個室と6人部屋が用意されていましたが、現在収容率が52％程度と低くなっているため、6人部屋も個室として使用されていました。よって、いずれの部屋でも被収容者のプライベートな時間は保障されています。個室では3畳、6人部屋では12畳ほどのスペースがあり、テレビが備え付けられています。前年度の視察では「時計がない」ことが話題に上がったようですが、テレビがあれば時間はわかるため、そこまで問題はないように思います。テレビは定められた視聴時間内なら自由に見ることができます。

　トイレも室内に併設されています。6人部屋では壁が用意され、別室として存在していましたが、個室では衝立で仕切られているのみでした。

　6人部屋は私物が少ないだけの普通の部屋といってもよいと思います。1人暮らしの学生の部屋よりよほど広く感じました。個室は正直にいって狭いです。トイレの仕切りがないというのも、臭いがこもりそうで少々嫌悪感を覚えました。しかし、窓の開け閉めは自由なため、あまり問題にはならないかもしれません。

「食事」は3食、刑務所内の炊事場で作られます。麦と米の割合が3：7の「麦ごはん」が主食です。栄養価は高いものの、そのぶん通常の白米よりも現在はコストが高いようです。おかずは1日に420円以内に収まるよう調整されています。パンの日も月に10日ほどの割合であり、甘

味も出ます。刑務所の食事は、学校給食に似ていて、社会一般にあるメニューと大きな違いはありませんでした。

違いは単独室の被収容者は1人で食べることです。「個食」と呼ばれる状況であり、その点だけ問題があるのではないかと思いましたが、集団行動をさせると監視の手間も増えるといった事情がありそうです。

今回の視察および講義で、何よりも私たちの興味を引いたのは「医療」です。刑務所内で行なわれる医療は「矯正医療」と呼ばれ、「社会一般の保健衛生および医療の水準に照らし適切な保健衛生上および医療上の措置を講ずる」ものとされます。

矯正医療の大きな特徴として「医療費完全無料」があげられます。刑務所内の施設のほか、外部での診療もすべて国費でまかなわれます。健康診断も定期的に行なわれ、収容後に発生した病気のみならず、収容前からの病気に至るまですべてが治療されます。もしかすると、健康診断に行っていない民間人よりも被収容者の健康状態はいいかもしれません。このことからも、私が視察前に考えていたように、医療を求めて刑務所に入る人はいてもおかしくない。とくに、医療のためだけに初めて犯罪をする人はいなくても、犯罪歴のある人、治療途中で刑務所を出てしまった人が再犯して刑務所に戻る可能性は高いのではないかと考えます。

テレビが自由に使える時点でなかなかに「娯楽」は用意されていると思いますが、そのほかにも刑務所内備え付け図書の貸し出し（内容検閲済み）、体育などのレクリエーション、クラブ活動の時間などもあります。本は検閲されるといえど、禁止されている内容は常識的な範囲のもので、読書を楽しみたい被収容者に不都合が生じることはないように思います。

視察を終えて、宗教や性自認への配慮など、人権を侵害しないよう、細心の注意を払われているということがわかりました。制限が多いのも確かではありますが、その日暮らしをしている人などと比べると、生活レベルは高いのではないでしょうか。衣食住に困る人が刑務所にわざと入ろうとするというのも、あながち間違いではなさそうです。

とくに、完全無料だという矯正医療に関しては「身体の自由を制限しているから」といえど、CTや脳波測定器までそろっている様子を見る

と、社会一般の水準よりも高度と考えられます。いちばん疑問に思ったのは、高額医療までもが無料で受けられる点です。ここまでくると一般水準を逸脱しているのではないかと思います。変化の可能性があるとも聞きましたが、その可能性は高そうです。しかし、そうなったときに、いままで受けられたサービスが受けられなくなることへの反抗が起きないかも懸念されます。

また、帯広刑務所の医務課についての話を聞いたとき、「出所した時点で治療が終了してしまう多くの受刑者は、出所後に健康への関心が薄れることに加え医療費の自己負担が生ずることも手伝って治療を中断してしまう」といっていたことから考えると、刑務所内と出所後の環境にギャップがありすぎることが「衣食住＋医療」を求めて刑務所に入る原因となっているように考えられます。

今後のフェローゼミでは、このギャップを埋めることで再犯防止につながるのではないかという考えをもとに、解決策を練っていきたいです。現在、出所前に出所後の環境をできるだけ整えていると聞きましたが、それに付随して実際に出所後にもサポートができるような体制を考えます。

## 肌で感じた刑務所内の現状と問題点

和高一希（医学部保健学科1年）

今回札幌刑務所に訪問し、感じたことは主に2つです。1つは、私が刑務所に抱いていたイメージとのギャップが大きかったということです。訪問を行なう前、私は刑務所を「犯罪者を社会から隔離し、社会の安全を守る」「犯罪者の自由を奪い、罰を与える」場所だと思っていました。しかし、刑務所の本来の目的とは「①犯罪者を隔離して、社会の安寧秩序を図り、一方、②刑罰の執行過程で、規則正しい生活をさせながら、教育、作業および職業訓練などを実施し、善良な市民として社会復帰させること」だと、今回の訪問で知りました。

また同時に、「刑罰」の目的を調べたところ、その本質には大別して3つの考え方があり、①「応報刑論」（犯罪者は贖罪の目的で罰を受ける）、②「目的刑論」（犯罪から社会を防衛する）、③「教育刑論」（犯罪

者が再犯するのを防ぐ）があるということも知りました。この刑罰と刑務所の目的を踏まえたとき、1つの疑問が生まれました。それは「なぜ仮釈放と刑務所内での余暇活動が存在するのだろうか」というものです。

　まず「仮釈放」について考えます。仮釈放とは「刑務所内で更生の様子がみられた受刑者を刑務所から一度釈放し、刑務所長が言い渡した一定期間罪を犯さない、保護司への報告をするなどの条件を満たした場合に残りの刑期を免除する」制度です。これは刑罰の目的の考え方を軽んじているように思えます。罰として刑務所に入れられ、自由を奪われる期間である刑期「だけ」が、被害者やその家族が法律内で補償された範囲で、犯罪者に「悔しさや悲しみ、怒りを犯罪者に与える、やりかえす」ことのできる唯一の方法なのです。いくら更生の態度が見られても、そのことは被害者やその家族には重要ではなく、彼らにせめて最初に言い渡された刑期期間だけは刑務所内にいて、苦しみを味わってほしいと思うのではないでしょうか。

　次に、刑務所内の「余暇活動」の必要性についてですが、これは総務部長に余暇活動の意義を質問したところ、「刑務所は更生機関として、犯罪者が釈放後に社会に出て刑務所内とのギャップに悩ませられないよう、早く社会になじめるように余暇活動を行なう必要がある」といっていました。刑務所には受刑者が再犯をくり返さないよう教育するという目的があるため、この理由に賛同できるところも少しはありますが、やはり被害者の気持ちを考えると、多様な行事を行なうことに賛成できないという思いもあります。余暇活動以外の場面で社会と刑務所内とのギャップを埋める何かの対策をとり、余暇活動は最低限の教育的な意味を持ったものだけに絞ったほうがよいのではないかと考えます。

　2つ目は、勤労としての「作業内容」についてです。訪問前、私は受刑者がこのように勤労していることを知らなかったのですが、今回の訪問で木製の玩具や桐箱や靴、洋服などを実際に製作している現場や、出来た製品を見てクオリティの高さに驚いた反面、その内容について疑問を感じました。どうして社会において需要が高いものを製作しないのでしょうか。製作したものは、受刑者が製作した「作品」として刑務所作業製品展示即売会などで売られていますが、社会の多くの人はその存在

すら知らないでしょう。

　また、受刑者は「報奨金」として労働に対して、多くて月3,000〜4,000円を支払われますが、その金額も1日8時間弱の労働時間にしては安いのではないかと思います。もっと社会での需要が高いものを生産し、展示会などで高く売るのではなく、ふつうのスーパーなどの多くの人の目がとまるところで、安い値段でも「製品」として多く売り、その利益は受刑者に還元する、という仕組みのほうが勤労への意欲は上がり、自分の仕事が評価されることへの喜びを知ることができると思います。それは釈放後にも生きていく"学び"になるのではないでしょうか。また、この作業内容の改善により、刑務所で受刑している際も、受刑者は仕事をするということで社会とのつながりを失わずにいられます。

　以上、改善によって生まれる2つのメリットにより、1つ目に記述したように、余暇活動の内容を最低限のものに変えたとしても、受刑者は釈放された後に社会と刑務所内とのギャップに悩ませられるという可能性は低くなるのではないでしょうか。

　今回、札幌刑務所を訪問する前までは、漠然と悪いことをした人が収容されている施設に行くのは怖いと思っていましたが、実際に訪問してみないと分からないことが非常に多く、収穫の多い訪問だったと思います。

　刑務所での見学、講演、とくに質疑応答を通して、被害者側の気持ちに立つこと、真逆の立場である受刑者側の事情を理解し、その事情に隠れた気持ちを組み込むことはとても難しく、必ず中立にいるということはほぼ不可能だと感じました。

　また、いままでは、なぜ加害者側を擁護する「弁護士」という職業があり、またその職業に憧れる人がいるのかと疑問に思っていましたが、上述した観点からとても大切で、社会において大きな役割を持った職業だとも感じました。肌で感じた刑務所内の現状と問題点について、今後のゼミで考えを深めていきたいと思います。

# 第2章 日本の犯罪の現状と傾向

玉城英彦

## 犯罪認知件数の推移

　最新の「犯罪白書」（2018年：平成30年版）によると、2017年に日本で発生した犯罪件数（認知件数）は、戦後最多であった2002年（平成14年）以降15年連続で減少し、戦後最少を更新し、1,368,355件（刑法犯915,042件、危険運転致死傷・過失運転致死傷453,313件）でした。刑法犯の認知件数は減少傾向が特に顕著で、2002（平成14）年の約3分の1まで大幅に減少しています。

　認知件数全体に占める「刑法犯」の割合は66.9％（2017年）で、平成の期間で最低でしたが（最高時2002年、77.3％）、急激な減少傾向は見られず、また刑法犯のうち、その71.6％（655,498件）は「窃盗」が占めているものの、その割合は平成15年以降ほぼ横ばい状態が続いています。

　また、刑事犯の「検挙率」を見てみると、戦後から1980年代（つまり昭和の時代）までは60～70％の高率でしたが、平成に入ってから検挙率は下降し、2001年には19.8％まで低下しています。その後、回復傾向にあるものの、最近までほぼ30％の横ばい状態が続き、とくに窃盗における検挙率が低いのが特徴です。

　日本の人口が高齢化しているため、認知件数の推移だけでは必ずしも現状を反映していない可能性もあります。そこで、人口で認知件数を割った「発生率」を計算したところ、その年次傾向は認知件数の推移とほぼ同様でした。とくに「窃盗」の減少傾向が著しく、たとえば2002年の発生率を100とすると、2017年には犯罪全体40.20、危険運転致死傷・過失運転致死傷57.62、刑法犯総数35.05（その内訳：窃盗30.55、その他の刑法犯57.53）で、窃盗の発生率の減少が顕著で、15年間に3分の1以下に下がっています。

## 窃盗

「窃盗」が刑法犯全体に占める割合は年々減少傾向にありますが、2016年でも認知件数において刑法犯の7割を超えています。窃盗の「検挙率」は、1989年（平成元年）は41.7％でしたが、その後2001年15.7％まで減少、その後反転し、徐々にではありますが毎年増加傾向

にあり、2016年には28.9％にまで改善しています。

　窃盗は手口別に、空巣や出店・事務所荒しなどの侵入窃盗、万引きや置引き、車上狙いなどの非侵入窃盗、および自転車・オートバイ盗などの乗り物盗に大別されます。2016年の『犯罪白書』によると、窃盗（認知件数723,148件）のうち、侵入窃盗10.6％、非侵入窃盗51.8％、乗り物盗37.6％で、非侵入窃盗が全体の半数以上を占めています。検挙された窃盗で見ると、検挙件数208,646件のうち、侵入窃盗は21.0％、非侵入窃盗は68.0％、乗り物盗は11.0％で、非侵入窃盗が全体の7割近くに達していて、そのうち「万引き」は検挙された窃盗全体の37.4％を占めています。

　車上・部品ねらいや自転車盗などの乗り物盗および空巣などの侵入窃盗は、ここ10数年急減しているものの、「万引き」はほぼ横ばい状態から若干減少傾向が続いています。

　諸外国と日本との窃盗の「発生率」を比較すると、イギリスが6.2倍、フランス5.9倍、アメリカ5.4倍、そしてドイツは4.7倍の頻度で発生しており、その中でもこれらの国ではとくに「侵入窃盗」の発生率が高く、イギリスでは日本の9.3倍、フランスで8.0倍、ドイツで7.5倍、アメリカで7.3倍と高率です。「自動車盗」では、フランスは日本の5.6倍、その他の窃盗でイギリスが日本の6.0倍です。また、データを示していませんが、これらの手口別窃盗の発生率は近年イギリスとアメリカでも減少傾向にありますが、これらの諸外国と比べても、日本の減少率は明らかに大きいものです。

## 犯罪の年齢別変化

　日本の犯罪の特徴は、犯罪の「年齢像」が大きく変化していることです。2016年の刑法犯検挙人員を「年齢層別」に見たものが図2-1です。65歳以上の高齢者が全体の21％を占め、第1位です。その傾向を1989年（平成元年）のデータと比べると顕著にその経年的年齢層の変化が読み取れます。平成元年のデータでは、20歳未満の未成年者が全体の半数以上を占めていたのに対し、高齢者は全体の2％を占めるに過ぎませんでした。これは人口の高齢化だけでは説明できません。そのことについては後で考察します。

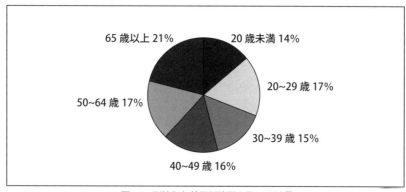

図2-1　刑法犯年齢層別検挙人員　2016年
出典：「平成 29 年度版犯罪白書」法務省

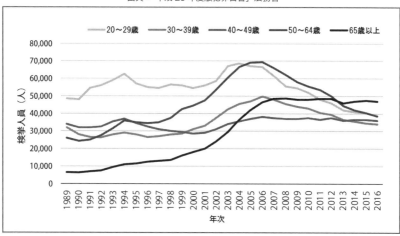

図2-2　刑法犯年齢層別検挙人員　1989〜2016年
出典：「平成 29 年度版犯罪白書」法務省

　窃盗の3分の1は「万引き」が占めており、近年やや減少傾向にある
ものの、その減少幅は他の窃盗に比べて劣っています。特筆すべきこと
は、高齢者の万引きが増えていることです。その要因や予防策について
は［第8章］で詳細に分析することとして、ここではその実態を観察し
ます。

　万引きに特化する前に、まず日本の犯罪の「年齢層別傾向」を分析し
ます。万引き以外の犯罪においても「高齢者」（65歳以上）の犯罪は増
えています（図2-2）。他の年齢層が2008年以降では一貫して減少して

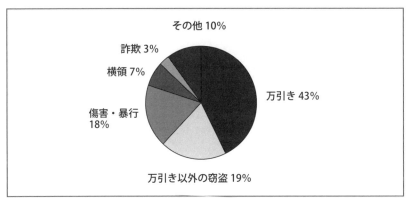

図2-3　手口別刑法犯検挙人員（65〜69歳n=14,628、2017年）
出典：「平成 29 年度版犯罪白書」法務省

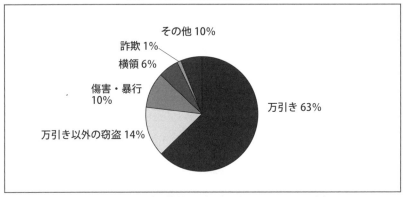

図2-4　手口別刑法犯検挙人員（70歳以上n=31,636、2017年）
出典：「平成 29 年度版犯罪白書」法務省

いますが、高齢者と40歳代ではほぼ横ばい状態を維持しています。そして20歳未満の検挙件数は他の年齢層とは異なる傾向が認められます。他の年齢層では2005年前後まで一貫して増加しているものの、未成年では減少か横ばいが続き、その後急速に減少に転じています。

### 窃盗の高齢化

　刑法犯「検挙人員」を手口別にいうと、「万引き」および「万引き以外の窃盗」を合わせて「窃盗」といいますが、それは全体の検挙人員の51％を占めています。万引きの割合は31％で、これを65〜69歳（図2-3）と70歳以上（図2-4）に分けてみると、高齢になるほど窃盗の割合

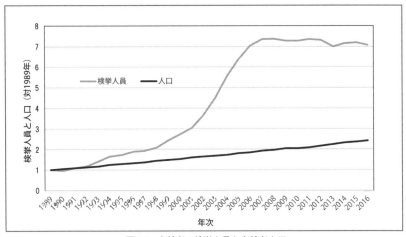

図2-5　高齢者の検挙人員と高齢者人口
出典：「平成 29 年度版犯罪白書」法務省

が増加しています。前者では全体の62％、後者では77％を占め、非高齢者（65歳未満）総数の45％を大きく超えています。そのうち65〜69歳では万引きが全体の43％、70歳以上では63％を占め、高齢者の刑法犯検挙人員に占める窃盗、とくに万引きの多さが目立ちます。

　この高齢者の占める割合の増加は単に「人口増加」だけでは説明できません。1989年（平成元年）の高齢者人口は約1500万人、2016年には約3500万人で、この28年間の増加率は約2.3倍。それに対して、高齢者の窃盗検挙人員は1989年の6,625人から2016年には46,977人へと増加し、増加率は7倍以上です。

　1989年の高齢者の窃盗検挙人員を1とした指標で表したのが［図2-5］です。65歳以上の高齢者人口は1989年に1,430.9万人（総人口の割合＝高齢化率＝11.6％）、2016年には3,459万人（27.3％）で、2.42倍に増えています。一方、高齢者の窃盗検挙人員は1989年に6,625人、2016年に46,977人で、28年間に7.09倍増加し、人口の増加率の約3倍のスピードで増えていることがわかります。これらのデータからも、高齢者の窃盗による検挙人員の増加は明らかです。

　さらに、受刑者に限定して、高齢者における窃盗の状況をみると、「窃盗」の割合が著しく高く、70歳以上の高齢者においてその傾向がとくに顕著でした。また、男女ともに、65〜69歳よりも70歳以上の高

表2-1　高齢万引き事犯者の特徴

●約７割が食料品を窃盗（非高齢者では約４割）
　・窃取物品の金額は1,000円未満が約４割，3,000円未満が約７割（非高齢群ではそれぞれ約２割，約５割），
　・普段から買い物をする店で万引き（同じ店舗で検挙されたことがある者も約１割）
　・動機は「節約」が多い（高齢女性の約８割，高齢男性の半数超）
●生活困窮者は一定数いるが（動機「生活困窮」は高齢男性の４人に１人），非高齢群と比べて少ない
　・高齢群の約９割に安定収入あり，
　・収入源は約６割が年金受給，生活保護受給は１割強

出典：平成30年版・犯罪白書の概要

齢者の窃盗の割合が高い。つまり、65〜69歳では男女それぞれ49％、81％、70歳以上では54％、89％を占めていました。

### 万引き

　窃盗のうち最も多いのが「万引き」で、65歳以上の高齢者では79.3％、成人（20〜64歳）では54.6％、および未成年（20歳未満）では46.2％を占め、成人や未成年に比べて高齢者の犯罪としての万引きの割合の多さが特徴的です。今後の「犯罪防止」を展開するにあたって、高齢者の万引きに関する取り組みを強化していく必要があります。

　2011（平成23）年6月に、窃盗により有罪の判決が確定した高齢者354人、非高齢者2,067人を調査した結果、万引きが、前者（高齢者）では犯行手口の85.0％、後者（非高齢者）では52.4％でした。

　平成30年版『犯罪白書』の概要によると、高齢万引き事犯者の特徴は［表2-1］の通りです。高齢窃盗犯の前科状況をみると、男性の約8割、女性の約6割は罰金刑以上の前科があり、前科・前歴のない者は非常に限られています。高齢窃盗犯の男性では、初回検挙時年齢20歳までに2割以上の者が、また55歳までに約半数が検挙されています。高齢女性では、50歳以降に検挙される者が急増し、60歳を過ぎて初めて検挙された者が半数を占めていました。このことから「何度も処分を受けながら、短時間で犯行をくり返している」状況が窺えます（平成30年版『犯罪白書』の概要）。

　また「科刑」状況をみると、高齢群では52.8％、非高齢群では

46.3％が罰金刑を受けていて、懲役刑は非高齢群の方が多いのに対して、高齢群は罰金刑がやや多めです。

## 高齢者における殺人と傷害・暴行、認知症、および再入率

　2016年に殺人などにより有罪の宣告を受け、有罪が確定した高齢者82人と非高齢者282人を比較すると、前者では「親族殺」（配偶者、親、子、その他の親族）が約7割を占め、非高齢群約4割より高い。つまり、親族殺のうち、配偶者が35.4％、子23.2％で配偶者の殺人が多いことが窺えます。また高齢・配偶者殺群29人のうち、被害者が精神・身体の障害などを有する割合が約5割（精神の障害などあり6人、身体の障害などあり4人、精神・身体の障害などあり5人）を占めていました。要介護・寝たきり状態にある者が10人（34.5％）および認知症が9人（31.0％）で、子を殺した高齢者19人中、精神あるいは身体の障害などがある者は17人（89.4％）でした。

　高齢の配偶者殺群（29人）と子を殺した群（19人）の殺害動機・背景は、配偶者殺群では、「将来悲観・自暴自棄」が全体の69.0％と最も多く、次いで「問題の抱え込み」62.1％、「無理心中」48.3％、「家庭内トラブル」34.5％で、一方の子を殺した高齢者の群では、「問題の抱え込み」94.7％、「家庭内トラブル」84.2％、「将来悲観・自暴自棄」57.9％、「被害者からの暴力・暴言への反撃」52.6％で、高齢の親を殺害した子のうち、精神的健康問題（統合失調症、発達障害など）のある者は約7割でした。

　平成30年版『犯罪白書』の概要によると、2016年（平成28年）に傷害または暴行を含む罪で東京地検または区検に受理され、有罪の判決または略式命令がなされた高齢者97人と、対照群として同条件の非高齢者から無作為に抽出した99人を比較すると、前者群において、「カッとなって」および「恨み・不満」が犯行動機・背景として多く、高齢者群では、凶器使用が少なく、犯行に計画性がなく、「その場の怒りに駆られ衝動的に暴力に及んでいる者が多い」ことが分かります。また、被害者が高齢者あるいは18歳未満の児童である割合が、非高齢者群の11.1％に対し、高齢者群では21.6％で、「弱い相手」を対象とする事案が高齢者群に多いことが示されました。

同種前科を有する者で、犯行時に飲酒していた者の割合は59.4%で、同種前科なしの約1.7倍と、犯行時飲酒している者が多かった。また暴力を正当化する態度を有する者は前科有群で18.8%、前科無群では9.2%でした。これは「同種前科を有する者は、犯行時に飲酒していた者や暴力を正当化する態度のある者の割合が高い」ことを示しています。また「粗悪な犯罪を繰り返す者特有の問題性を有する高齢者が一定数存在」することが分かります。さらに、前科者では、「単身居住かつ無職、家族・知人等と交流の無い状態の者が約4割を占め」ていました。

　また、受刑者の認知症については、65歳以上の受刑者の6人に1人は「認知症」が疑われます。年齢が上がるにつれてその疑いは高く、80歳以上では28.6%に認知症が疑われ、60～64歳（6.5%）に比べて、4.4倍と高いものでした。

## 増加する高齢受刑者

　受刑者の「高齢化」は日本に限った問題ではなく、先進諸国に共通に見られる現象ですが、受刑者全体に占める高齢受刑者の比率は先進国の中で「日本」が飛び抜けています。これは被検挙者数および被収容者数は少年や若者群では減少傾向にあるのとは極めて対照的です。その原因、理由、および背景などについては［第8章］に譲りますが、高齢受刑者は大きく下記の3つのグループに分類できます。

　第1のグループは、微罪を繰り返し、何度も「再犯」を重ねる高齢者、つまり累犯の高齢受刑者です。私たちが訪問した札幌刑務所でも、とくに窃盗や詐欺などの微罪で10回以上の累犯をくり返して入所している人も少なくありませんでした。この窃盗のうち、ほとんどが「万引き」であることは上述したとおりです。

　これらの高齢者には「認知機能」が著しく低下している人も少なくないようです（野村敏明「高齢者の反社会的行動をめぐって−高齢受刑者の増加問題を中心に−」。老年精神医学雑誌28（11）1193～99、2017）。また、これらの多くの高齢者は出所後"住む場所"がなく、よって仕事にも就けず、社会的に孤立している人が多い。まさに、この社会に行き場を失って、微罪の再犯をくり返し、出所後すぐに刑務所に戻る

という悪循環をくり返していることが推察できます。

　この背景には、本人に問題があることはさておき、受け皿のない環境に受刑者を出所させるという日本の制度にも問題があります。それがひいては現在の高齢者の累犯者増加につながっています。すなわち、アフターケアが十分でない社会に放り出された出所者はすぐに刑務所に後戻りするという「回転ドア現象（Revolving door phenomenon）」を引き起こす原因となっているのです。再犯防止のためには、出所者のアフターケアに関する制度の改善、つまり再犯防止に対するパラダイムシフトが必要です。これに関連した「更生保護施設」と「協力雇用主制度」については次章に譲ります。

　第2のグループは、高齢になって初めて受刑する者です。上記の累犯の高齢者に比べると、このグループでは「窃盗」や「薬物事犯」がやや少なく、「殺人」「殺人未遂」「傷害致死」などがやや多い傾向があります。その背景には、上記のグループと同様、経済的状況、行き場がない、社会的孤立などがあり、さらに認知症の高齢者も少なくなく、ここには医療と司法の連携が求められます。また「老老介護」（高齢者が高齢者を介護すること）および「認認介護」（認知症の要介護者を認知症の介護者が介護すること）など、日本の医療・福祉の現状を反映したものもあります（同上、野村敏明）。

　第3のグループは、長期の刑を言い渡され、刑務所の中で高齢化していく被収容者です。この中には死刑判決を受けた人も含まれます。長期の刑務所の中での生活がこのような被収容者にどのような影響を与えているかについてのデータはほぼ皆無です。したがって、一概に論ずることは控えなければなりませんが、刑務所の被収容者の年間あたりのコストが300〜400万円と推定されており、死刑制度の見直しとともに、日本の司法制度全体を改めて俯瞰する必要があるように思われます。なお、本章では高齢受刑者の実態と特徴について要約しましたが、その原因、理由、および背景などの詳細については［第8章］を参照ください。

# 第3章 再犯防止の試み

#### 更生保護施設と協力雇用主制度

玉城英彦

今回、再犯防止に対する学生の認識を高めるために2人の外部講師に依頼し、「更生保護制度と更生保護施設」および「協力雇用主制度」について講義をしていただいた。「更生保護制度と更生保護施設」については佐々木孝一氏にお願いした。佐々木氏は、1975年（昭和50）3月、同志社大学文学部文化学科（哲学倫理学専攻）卒業後、同年4月に法務省に入省、山形や札幌、福島の保護観察所課長や盛岡および仙台保護観察所長、北海道地方更生保護委員会事務局長などを経て、2016年（平成28）に法務省を退職、現在、更生保護施設札幌大化院希望寮施設長を務めている。社会福祉士の資格を有し、現下、保護司（札幌市中央区配属：保護観察対象者の指導や生活環境の調整、犯罪予防活動などを通じて犯罪や非行をした人の立ち直りを地域で支える更生保護ボランティア）としても活躍中である。また「協力雇用主制度」については、北洋建設株式会社社長・小澤輝真氏にお願いした。講演の要旨を私の解説を交えながら概説する。

玉城英彦

講演-1

# 「更生保護制度」(要旨)

## 講師・札幌大化院希望寮施設長 佐々木孝一

### 更生保護法

　裁判所で保護観察付執行猶予の判決を受けた人および刑務所から仮釈放された人は「保護観察」の対象となります。日本では、更生保護法第60条（保護観察の管轄）に基づいて、保護観察は「保護観察対象者の居住地を管轄する保護観察所が司る」ということになっています。

　更生保護法とは、「刑務所・少年院を仮釈放・仮退院した者や、執行猶予で保護観察にされた者に対する更生支援および指導・監督など、再犯防止のための更生保護施設について定めた法律」で、2008（平成20）年に施行されています。保護観察官の指導・監督権限が強化され、保護観察対象者に義務づけられる遵守事項が明文化されています。

　ここでいう「保護観察」とは、法務省によると「犯罪をした人または非行のある少年が、社会の中で更生するように、保護観察官および保護司による指導と支援を行うもの」です。刑務所などの矯正施設で行なわれる「施設内処遇」に対比して、社会の中で処遇を行なうものであることから「社会内処遇」とも呼ばれます。対象者は、社会の中で健全な社会人として更生するように指導・援助を受ける。つまり、「更生保護」を通じて安全な社会をつくるものです。ここでいう「保護司」とは犯罪者の改善・更生を助け、犯罪の予防に当たる民間の篤志家のことです。

### 「赦し」と人足寄場

　日本には古代から更生保護による「赦（ゆる）し」がありました。『日本書記』は奈良時代（710〜794）にできた日本の最古の「正史」（王朝が正当と認めた歴史書）ですが、それによると、持統天皇（在位690〜697。第41代の天皇。女帝。645〜702）が、「罪人赦す」とあるのが文献上存在する最も古い日本の更生保護に関する記述であるといわ

れています（日本書記巻30）。

　江戸時代には、軽罪人・虞犯者の自立を支援するために設置された加
役方人足寄場がありました。通称「人足寄場」と呼ばれるもので、これ
らの対象者に対して教育的・自立支援的なアプローチを取り入れた処遇
を行なった点が、当時としては画期的でした。

　「人足寄場」は、火付盗賊改方長官である長谷川宣以（平蔵。1745～
1795）が老中・松平定信（1759～1829）に建議し、江戸幕府が1790
年（寛政2）、江戸の石川島（現在の東京都中央区佃2丁目：現在は石川
島播磨重工業の工場がある）に設けられました。この「石川島人足寄
場」は、世界初の更生プログラム・専用施設としてとくに有名です。人
足寄場は明治維新まで継続されました。

---

### 【更生とは、そして更生のための居場所とは】（玉城）

ここでいう「更生」とは、〈生まれかわること〉〈立ち直ること〉を
意味し、英語では"revival"、もっとフォーマルにいえば"rebirth"
"regeneration""rejuvenation""rehabilitation"で、「更生する」は"be
born again""be rehabilitated"で、〈再び生まれる〉〈元の状態に戻
る〉、つまり「リハビリテーション」（社会復帰）することである。
昨今、弱者を受け入れる社会の懐が小さくなり、住みにくい世の中
になってきている。これは、大国の政治家らの「自国ファースト」
「移民排除」「弱者バッシング」など、自国の国益を優先する施策が
これに拍車をかけ、加えてグローバル社会の平和にとって欠かせな
い"多様性"の理解を過小評価し、寛容さを徹底的に排除しようとし
ていることと無縁ではない。これを支持する日本の政治家たちも同
様で、日本社会の分断を促進しているようにみえる。
このような社会では「出所者」の行き場がない。出所者は「帰る場
所がない」「身寄りがいない」「相談する人がいない」「仕事がない」
といった状況にあって、社会復帰することも、更生することも難し
い立ち位置にいる。それゆえ「社会内処遇」を越え、また連携し
て、彼らに"居場所"を提供する必要がある。それができなければ、
彼らをさらに追い込むことになり、犯罪から立ち直させることはさ
らに難しくなる。ここでいう「居場所」とは、物理的・精神的、か

つ社会的な"拠"のことである。これらのいずれが欠けても、出所者は寄りすがるところがなく、本当の意味での更生の道はきわめて狭いものになるだろう。

私たち人間は完璧ではない。前著『刑務所には時計がない』でも述べたように、私たちの今の存在は"たまたま"であって、運の不平等が"たまたま"その人を成功・失敗に導くともいえる。これは"何も努力することを怠るな"といっているわけではなく、「チャンスは準備された者に微笑む」（ルイ・パスツール）ということである。

## 更生保護施設

　法務省によると、更生保護施設は「犯罪をした人や非行のある少年の中には、頼ることのできる人がいなかったり、生活環境に恵まれなかったり、あるいは、本人に社会生活上の問題があるなどの理由で、すぐに自立更生ができない人」たちに対し、法務大臣の認可を受けて、一定の期間、宿泊場所や食事を提供する民間の施設のことです。一般的には「刑務所出所者や保護観察を受けている人などのうち、頼るべき人がいない人に対して、一定期間、宿泊場所や食事の提供をする民間の施設」とされます。

　更生保護事業法第2条第7項では、更生保護施設は「被保護者の改善更生に必要な保護を行う施設のうち、被保護者を宿泊させることを目的とする建物及びそのための設備を有するものをいう」と定義されています。更生保護施設は、これらの人たちを保護して、その円滑な社会復帰・再出発を助け、再犯を防止するという重要な役割を担っています。

　日本では、戦後の更生保護は刑事政策の一環として国の責任で行なっています（コラム「戦後の更生保護に関連する法律」後掲）。日本には2018年6月現在、全国で更生保護施設が103（男子88、女子7、男女8）あり、収容定員は2,385人（男子成人1,879、女子成人134、男子少年321、女子少年51人）です。対象者（仮釈放・満期釈放者、少年院を出た少年、執行猶予を言い渡された人、起訴猶予になった人など）は法務省の保護観察所からの委託や保護を必要としている人からの申し出によって認可されている更生保護施設に入所できます。しかしながら定員が少ないため、満期出所者で利用できる人はわずか4％に過ぎません。

　前述したように、この更生保護施設は民間の施設です。施設を増やそうとしても建設費がかかり、民間にはかなりの負担となります。また、その建設には住民からの反対もあります。そのためには、地域住民との融和を推進するために、施設を住民に開放するなど、さまざまな取組みが必要です（後出：「札幌大化院希望寮」の項参照）。

　指定を受けた更生保護施設では、福祉や薬物に関する専門スタッフを配置しているところもあります。更生保護施設は、①宿泊場所や食事の提供などの生活基盤の提供、②地域社会の一員として円滑な社会復帰のための指導や援助、③就労支援や金銭管理の指導など、自立に向けた指導や援助、④入所者の特性に応じた専門的な処遇（酒害・薬害教育、対人関係場面での振る舞い方を体験的に学ぶ社会生活技能訓練、コラージュ療法、パソコン教室、ワークキャンプ、料理教室等）などの役割を担い、対象者の再出発を支えています。

---

## 【更生保護の歴史】（玉城）

　時は、過去から現在へ、さらに未来へと連続して、とどまることなく過ぎてゆく。歴史的事象はタケノコのように突然に出現するものではなく、長い時間をかけて加工され、ある沸点に達したときに豊穣し、現在へと継承される。更生保護もそうである。現在の更生保護は国の施策として実施されているが、明治時代は違うストーリーであった。

### 更生保護の源流－金原明善

　時は今からさかのぼること132年前の明治20（1887）年、場所は遠

江国長上郡安間村（現在の静岡県浜松市）。ここに私財を投じて出獄人保護事業や済生会事業に力を注いだ一人の篤志家がいました。名を「金原明善」（1832〈天保3〉～1923〈大正12〉）といいます。

　金原明善は、天竜川の治山治水事業、北海道開拓・植林事業などの公共事業家、また教育者、上述の更生保護事業の創始者として、近代日本の発展に活躍した人物です。金原明善は、酒造と質屋をしている大地主の父・軌忠、母・志賀子の長男として1832（天保3）年6月7日に天竜川のほとり、遠江国長上郡安間村（現在の静岡県浜松市安間）で生れています。裕福な家庭に生まれ、両親の寵愛を受けて、何不自由なく育ちました。1923（大正12）年1月13日、92歳の高齢で没しています。

　金原家代々の信念は、「学問は学問のための学問ではない、実際のための学問だ」で、彼はまさにこれを地で行くような人生を送っています。また、17歳のとき激しい熱病にかかったが、天竜川の水を飲み全快したことから、後年「私にとって天竜川は命の恩人」と語っています。そして、小さい頃から度重なる天竜川の災害を幾度も見てきていました。この少年時代の体験が、彼をして家財を投じてまでも、天竜川の治山・治水活動、つまり災害防止に献身させることになりました。

　金原は22歳のときに、継母の連れ子である17歳の玉城と結婚します。夫人は金原の仕事をよく理解し、励ましていたそうで、昔流の内助の功および夫婦愛があったからこそ、金原の事業は順調に進んだとも言われています。1878（明治11）年、明治天皇から夫婦そろって表彰を受けています。金原は妻・玉城亡きあと、彼女の形見のバッグを終生愛用していました。これも二人の仲の良さを具現する一つのエピソードです。

　金原が治山・治水などの実業家、そして上述の更生保護事業の創始者であることはもちろんだが、彼はまた教育者としての実績もあります。1871（明治4）年、金原は「学問が必要。心を豊かにできれば立ち上がることができる」として、15歳～20歳までの青少年たちを対象に「金原家塾」という学校を始めています。優秀な卒業生を内務省に就職させたり、大学に入学させたりしました。それが発展したのが現在の静岡県浜松市立和田小学校（2018年8月末現在、児童数男子359人、女子319人、合計678人）です。金原明善の業績を顕彰し、永く後世に伝えようと昭和35（1960）年、彼の生誕地の隣に「明善記念館」が設立されて

います。ちなみに金原家の家憲は、①実を先にして名を後にす、②行ないを先にして言を後にす、③事業を重んじて身を軽んず、でした。

## わが国最初の保護司・川村矯一郎

　更生保護のもう一人の功労者が、わが国最初の保護司といわれた川村矯一郎（1852～1890）です。日本初の更生保護施設「静岡勧善会」発足の功労者・川村矯一郎は、福沢諭吉（1835～1901）と同じ大分県中津市出身で、西南戦争の際の政治犯として捕らえられ、静岡監獄署に服役。釈放後、常光寺に身を寄せた彼は、このとき来訪した金原明善と知り合います。川村は、金原の進言により、明治19（1886）年7月、静岡監獄署の実質上の長である副典獄に推挙されながら、わずか5年後、38歳の若さで肺炎により他界します。中津市の安全寺には彼の足跡を称える顕彰碑が建っています。そこにはこうあります。

　嘉永5（1852）年中津藩士の子として生まれ、渡辺重石丸の道生館に増田宋太郎と学んだ。増田とは終生の盟友で、共に自由民権運動を続け、明治7年、共憂社を結成し、翌年には大阪の愛国社大会に参加した。明治10年の西南戦争には増田から要請があったが、川村は立志社と協力し、大阪での政府転覆の計画をするが、事前に発覚し逮捕された。静岡監獄で服役した川村は、釈放後は静岡勧善会で、わが国最初の受刑者の保護事業を始めた。川村はその後、静岡監獄の副典獄に就任し、明治22年、出獄人保護会社の設立に参加し、副社長に就任するが、事業の成功を見ることなく、肺炎を患い急逝する。明治24年1月逝去。享年38歳。

## 出獄人保護会社の設立

　わが国の更生保護はこの金原明善と川村矯一郎の二人の活動によって幕を開けます。明治21（1888）年のことでした。その前年（明治20年）、金原明善と川村矯一郎副典獄が出会います。ここに「出獄人保護会社」の設立に向けた二人の行脚が始まります。これが日本で最初の更生保護施設設立の契機となりました。法務省のホームページには、近代的な更生保護事業の足跡とともに、金原明善と川村矯一郎の出会い、そ

して出獄人保護会社設立の契機となった無宿の受刑者・吾作（仮名）の
エピソードが紹介されています（**コラム**「金原明善、川村矯一郎、吾
作、出獄人保護会社」参照）。

---

### 【再犯防止への覚悟】（玉城）

ここにある「吾作」の悲劇はけっして過去のものではない。現在で
も刑務所からの出所者に対する社会の目は厳しく、彼らが居場所を
見つけ、通常な社会生活を送るには多くのハードルがある。彼らが
社会の一員として立ち直るには、本人の強い意志や努力などはもち
ろんのこと、それを正面からサポートする行政機関の働き掛けや地
域社会の理解と協力が不可欠である。罪を償ったのち、彼らはいず
れ社会に戻って来る。そのときに、再出発しようとする彼らの立ち
直りを導き、助け、再び犯罪や非行に陥るのを防ぐのは私たち一人
ひとりの理解、支援である。彼らを受け容れるには、人間の多様性
を認識し、彼らと協働し、ともに支え合う社会を作らなければなら
ない。それが再犯防止の第一歩であり、覚悟であろう。

## 戦後の更生保護

　これまで見てきたように、明治に始まる近代的な更生保護事業は、金
原明善、川村矯一郎ら慈善篤志家の監獄教誨（かんごくきょうかい）と免囚保護（めんしゅうほご）を目的として設
立した出獄人保護会社がその中心でした。それが戦後になると、更生
保護は「刑事政策」の一環として制度化され、国の責任で行われるように
なります。

　更生保護の内容には、主なものとして次のようなものがあります。
①　保護観察：対象者（保護観察処分少年、少年院仮退院者、仮釈放
　者、観察保護付執行猶予者、婦人補導院仮退院者）を国の責任におい
　て指導監督および補導援護を行なうこと。
②　応急の救護等及び更生緊急保護：保護観察中の人や刑事処分によ
　り身柄が釈放された人で、親族縁故者の援助が受けられないため改善
　更生が妨げられる恐れのある場合は、食事の給与、医療および療養の
　援助、帰住の援助、金品の給貸与、宿泊場所の提供、就職の援助など
　を実施している。

## 【コラム】金原明善、川村矯一郎、吾作、出獄人保護会社

　近代的な更生保護思想の源流は、明治21年に金原明善、川村矯一郎を中心とした慈善篤志家の有志が、監獄教誨と免囚保護を目的として設立した静岡県出獄人保護会社に求められます。同保護会社の設立趣意書は、現在の更生保護の基本法である更生保護法第1条の目的規定と一致します。同会社の設立を契機として、各地に釈放者保護団体が、浄土真宗本願寺派、真宗大谷派等の仏教教団、僧侶や一部のキリスト者によって設立されるようになりました。これらの団体は主として出獄人に衣食住を提供するいわゆる直接保護事業を行なうものでしたが、明治30（1897）年の英照皇太后（えいしょうこうたいごう。孝明天皇の女御。1833〜1897）の御大喪恩赦によって出獄人が増加し、出獄人をその居所においたまま、訪問指導、通信指導をする間接保護や、旅費、衣料等を給貸与する一時保護を行なう保護団体も設立されるようになりました。これは現在の保護観察の走りともいえるものです。中には、明治42（1909）年5月に福井県の浄土真宗本願寺派寺院を糾合して設立された福井福田会のように、直接保護事業を行う団体を中心として、間接・一時保護を行う支部を組織化したものもあり、この支部に保護司の原形ともいえる民間の司法保護委員を配置して事業実施に当たりました。

　このように始まった日本の更生保護事業は、その後も民間の活力によって拡大する一方、次第に国の刑事政策の中に取り込まれ、旧少年法の少年保護司による観察、思想犯保護観察を経て、昭和14（1939）年の司法保護事業法によって、国の制度として明確に位置付けられました。同法は、司法保護のうち、収容保護と一時保護を司法保護団体に、観察保護を司法保護委員に当たらせることとしたが、実施主体はいずれも民間の団体と篤志家でした。

　当時、静岡監獄に、あらゆる罪科を重ねた「吾作」（仮名）という囚人がいました。多くの看守、押丁がほとほと手を焼くほどの問題受刑者であったが、副典獄（今でいえば刑務所の副所長）であった川村矯一郎の熱心な訓戒が効を奏して心底悔悟するに至り、出所の時には川村副典獄に「今後は道に外れるようなことは、誓っていたしません」と必ず更生を遂げ再び監獄には戻らないことを誓って獄を去っていきました。

　吾作は、10年以上も獄にいました。喜び勇んで我が家あたりまで帰りついて見ると、背戸の柿の樹も、庭の木々も昔のままに繁っています。己が家も昔のままではあるが、中に住む人は変わっているらしい。様子をうかがってみると、もはや父母はなく、かつての我が妻は他人の妻となっているらしく、見知らぬ3人の子供たちと仲睦まじくしています。そのまま家に入っていくわけにもいかず、やむなく村内の親戚を訪ねて一夜の宿を乞うたが、「お前のような悪者は泊めるわけにはいかない」とにべもなく断られ、せめて一晩庭の隅なりと頼んだが、それさえもまかりならぬと追い返されてしまいました。すごすごと引き返した彼は、警察署にゆき、その袖にすがろうともしたが、「放免になった者を手にかけるわけにはいかない」という。寝るに宿なく、食するに1文の金もない。以前の彼だったら、たちまち悪事に走ったはずです。脳裏に浮かぶのは、川村副典獄の訓戒である。川村副典獄との約束です。二度と悪事はできない。彼は遂に川村副典獄にあてた長い書置きを残して、村外れの池に身を投じ、自らの命を断ってしまいました。

　矯一郎は、この報知を受け、書置きを手にすると長大息をつきました。そして金原明善に会うと事の仔細を語りました。話を聞いた明善は、「川村さん、あんたの名訓戒も、人を殺すに至っては功徳とはいえない。改心して監獄を出た者を社会の中でしっかりと保護する方法を考えなくてはいけません。常々、あんたは、欧米には出獄人を保護する団体があると言っているが、それをなんとか、静岡県にも作ろうではありませんか」と提案をしました。

（出典：法務省保護局：http://www.moj.go.jp/hogo1/soumu/hogo_hogo02.html）

3 仮釈放・少年院からの仮退院等：仮釈放などの期間中は保護観察に付される。

4 生活環境の調整：改善更生と社会復帰にふさわしい生活環境を整えること。

5 恩赦：政令恩赦と特定の人について個別に審査して行なわれる個別恩赦がある。個別恩赦には、①有罪の言渡しそのものの効力を失わせる「特赦」、②言渡しを受けた刑を減軽しまたは刑の執行を減軽する「減刑」、③確定した刑の執行を将来に向かって全部免除する「刑の執行の免除」、④刑の執行を終了した人等に対し、法令の定めにより喪失し、または停止されている資格を回復させる「復権」の4種類がある。

6 犯罪予防活動：更生保護制度施行50周年（1999年）を記念として「生きるマーク」が作成され更生保護のシンボルマークとなっている。

そして、「更生保護ネットワーク」を中心に幅広い活動を実践しています。毎年7月は「社会を明るくする運動」強調月間および再犯防止啓発月間です。この「社会を明るくする運動」は今年（2019年）で69回目を迎えます。

〈参考〉
法務省：http://www.moj.go.jp/hogo1/soumu/hogo_hogo01.html

## 札幌大化院希望寮の沿革

つぎに、札幌大化院希望寮の概要および沿革について紹介します。この札幌大化院希望寮は鉄筋コンクリート造りの地上4階建て（1,422m²、ほぼ430坪）で、札幌市内にあります。4階には集会室を設け、地域住民との融和・協力・支援などを図るため、地域にも開放しています。

また、一日の平均的な日課は［表3-1］に示す通りで、午前5時過ぎに起床し、朝食後、日中はそれぞれのニーズに応じた相談・活動などをこなし、午後の10時に消灯します。

「札幌大化院」は、1912（大正元）年9月15日、札幌市で札幌石材馬鉄会社を経営していた実業家・助川貞二郎（1860〜1929）とヒデ夫妻が、恩赦の慈悲を記念し、札幌市南1条西2丁目に平屋建て1棟を設けて「札幌記念保護会」と称し、身寄りのない釈放者の収容保護を開始した

表3-1　札幌大化院　日課

| 05 時 15 分ころ | 起床・居室の整頓 |
|---|---|
| 05 時 45 分から 07 時<br>　（就労者は随時出勤） | 朝食、寮内外の清掃 |
| 不就労者は 12 時から 13 時まで<br>　〈個別面接・就職相談〉 | 昼食 |
| 17 時から 21 まで | 入浴 ( 毎日 ) |
| 18 時から 19 時 30 分まで<br>　〈個別面接・集団処遇〉 | 夕食 |
| 22 時 | 門限・消灯 |

のが始まりです。1915（大正4）年1月15日、釈放者の社会復帰の気持ちを刷新し、「大化の改新」のように新たな志を持って出発することを願って、「札幌大化院」に改称しました。ちなみに「大化の改新」とは、飛鳥時代の孝徳天皇2年（大化2年、646年）に発布された改新の詔で、これによって豪族を中心とした政治から天皇中心の政治へと移り変わったとされています。

　1921（大正10）年8月、篤志家から土地の提供を受けて、平屋建て21坪の収容保護施設を新築しました。なお、札幌市の広報によると、助川貞二郎は今の茨木県つくば市に生まれ、20歳の時に裸一貫で北海道に渡り、商才を発揮しました。しかし、ニシン漁で失敗し、いったん故郷に戻っています。それから1892（明治25）年、32歳の時に再び北海道に戻り、1904（明治37）年に共同で札幌石材馬車鉄道合資会社を設立しています。これが札幌市の市電の始まりとされ、現在、市内を縦断する市電・バスなどの交通網の原点をつくり、その後の発展に大きな力を尽くしたことで、「市電の生みの親」と呼ばれています。

　2代目院長に就任した長男・助川貞利（1891〜1972）氏は、初代院長の追善のため、木造2階建て115坪（9室・収容定員24名）の保護施設を1933（昭和8）年末に新設し、メリヤス編み、木工、塗装などの授産設備の充実を図りましたが、戦時下において、工場を閉鎖し事業縮小を余儀なくされました。

　助川貞利氏は、天皇誕生日の御下賜金を拝受したのを記念して、建物内外の整備をはかり、収容定員を40名に増員して、1950（昭和25）年12月20日、法務大臣から更生緊急保護法に基づく更生保護事業経営の

認可を受けました。さらに貞利氏は、1967（昭和42）年11月1日、日本自転車振興会その他関係各方面や篤志家の援助により収容施設を全面改築し、鉄筋コンクリート造り、勾配がきわめて少なく、ほとんど水平な陸屋根4階建て、1422㎡の保護施設を完成させて「希望寮」と命名しました。

　なお、助川貞利氏は「ササラ電車」（ロータリーブルーム式電動除雪車）の開発者としても知られています。「ササラ電車」とは、走行しながら竹製ブラシ（ササラ）を連ねてブルーム（ほうき）を回転させて路面電車の軌道の除雪をする車両のことです。これは貞利氏が技術長をしているときに、3年間の研究を費やして開発したもので、現在でも寒い冬の朝の4時からササラ電車が動き出します。札幌市（およびその他の都市）の冬の一日は、ササラ電車の「ザザザ……」の音から始まるといっても過言ではありません。

　1996（平成8）年4月1日、更生保護事業法施行に基づく更生保護法人への組織変更を機に、5代目院長として実業家の高野博氏が理事長に就任、2001（平成13）年7月3日、老朽化が進んだ保護施設の全面改築工事に着手し、翌年（2002）3月15日、新しい更生保護施設が完成し、現在に至っています。

　札幌大化院の平均年間収容実人員は100人で、平均収容率は73.2％です。その中の44.4％が仮釈放者、次いで満期釈放者17.6％、保護観察付執行猶予者12.2％となっています。

## 矯正施設収容中の者の生活環境調整

　矯正施設収容中の者の生活環境調整については、更生保護法第82条にて、「保護観察所の長は、刑の執行のため刑事施設に収容されている者又は刑若しくは保護処分の執行のため少年院に収容されている者について、その社会復帰を円滑にするため必要があると認めるときは、その者の家族その他の関係人を訪問して協力を求めることその他の方法により、釈放後の住居、就業先その他の生活環境の調整を行うものとする」と定義されています。

　また、保護観察付執行猶予の裁判確定前の生活環境の調整について、「保護観察所の長は、刑法第25条の2第1項の規定により保護観察に付す

る旨の言渡しを受け、その裁判が確定するまでの者について、保護観察を円滑に開始するため必要があると認めるときは、その者の同意を得て、前条に規定する方法により、その者の住居、就業先その他の生活環境の調整を行うことができる（更生保護法第83条）」とされています。このように、保護観察にある者に対して、更生保護法のもとで、生活環境を適切に調整することが求められています。

### 札幌大化院における集団生活のガイダンス

　札幌大化院の「生活のしおり」から主なものを拾ってみると以下のようになります。

① 浪費を慎み、貯蓄に心がけ、保管金をすること。

② 同僚どうしで金品の貸し借りをしないこと。

③ 部屋の中に他の人を入れたり、他の人の部屋に入らないこと。

④ 喧嘩、口論、暴力行為など他人に迷惑をかける行為をしないこと。

⑤ 入寮時保護観察所で作成した「更生計画書」を念頭に、一日も早く自立し、健全な社会生活を営めるように努力すること。なお、就職をする際は、寮の日課表を考慮しながら日中の仕事に就くように努めること。

⑥ 部屋の中で弁当やインスタント食品を食べたり、飲酒したりしないこと（酒類は寮内への持込も禁止）。

⑦ 自炊生活はしないこと。

⑧ 外出するときは、外出先および帰寮予定時間を職員に届け出ること。なお、門限は必ず守り、遅くとも門限の10分前には帰寮していること。

⑨ 外泊したいときは、職員に申し出て、外泊先、用件および帰寮予定日時などを「旅行外泊願出書」に記載のうえ施設長の許可を受けること。

⑩ ゴミ分別の実行・ゴミの搬出と散乱防止や建物周辺の美化には積極的に協力すること。

　このように各更生保護施設は法や規則を順守しながら、独自の集団生活のルールを設けて、対象者の更生を支援しています。

講演の最後に、佐々木孝一氏は、東京保護観察所の元保護観察官・杉山栄子氏の次の言葉を引いて締めくくった。

「人と人との出会いの尊さ、大切さ、自分とは異なる相手の、命の光も影もすべてを尊重し、そしてこころを傾けて相手の話を聞くことの喜びを私は今しみじみと考えさせられている。こういう方々によって私は今日まで生かされてきたのであり、これからも多くの人々との出会いの中から学び、自らが成長し、生かされていきたいものだと切に願っている」(「更生保護50年史」第1編。p.327)。

---

# 受講学生の感想

---

阿達柊斗（法学部1年）

●私自身、刑務所や矯正施設の生活が被収容者にとって、快適な生活であると考えていました。出所後より不自由な生活を送ることは快適な生活を渇望し、再犯へとつなげてしまうからです。しかし、いざ自分が収容され、極限状態にいても同じことを考えるか。刑務所の生活を快適だと思う被収容者が大半であると決めつけているのではないか、と立ち止まって考えました。自業自得といえばそれまでですが、刑務所での生活をこれ以上切り詰めるべきだという意見をそのまま受け入れるべきなのか。やはり更生とは単純なことではなく、粘り強く行なって初めて結果が出るものであると、強く感じました。刑務所の生活が快適だというのは主観であって、すべての再犯にこの側面が見られるわけではありません。また、私たちの生活に必要な住宅設備、インフラ整備を行なう建設業に携わっている人材も彼らの中から出てきているという側面を見落としてはいけないと感じました。一面的な側面で批判せず、再犯した根本理由を突き詰めたいと思いました。

岩瀬龍之介（工学部1年）

●なぜ国の管理でなく民間なのか。国は刑務所が十分に更生を行なえていないことを認めたくないのでしょうか。一方で、出所した人間に対してまで国がお金を払うのはおかしい、という意見もあると思います。更生保護施設の存在は刑務所が十分に更生を行なえていないことの証明、という現行の刑務制度の課題を垣間見ることができ、非常に興味深い講演でした。

金田侑大（医学部医学科1年）

●講演は主に、刑務所から出た人たちがどのようにして社会復帰をするのかというプロセスについてのものでした。一度社会から踏み外した人たちに対して手厚くサポートを施し、「なんて懐が深いのでしょう。感動した」という意見も出ていましたが、私が率直に思ったのは、わざわざいい大学を出て、自分の関わる人たちが（元）犯罪者ばかりなのは、いくら仕事とはいえかわいそうだな、ということでした。犯罪の怖い部分は、その衝動性にあると思います。いくらふだんは"いい人"であっても、動機、タイミング、精神状態、その時の運などによっては、誰でも犯罪者になりえてしまうということを、改めて痛感しました。

後藤田帆夏（教育学部1年）

●更生保護の講演を聞いて、更生保護施設など出所後に受刑者を受け入れてくれる施設があるというのはすばらしいことだと感じましたが、今まで刑務所にいた人が、いきなり社会に出て、その後も継続して社会人生活を送ることはとても難しいことだとも思いました。講演のなかで、最も心に残っているのは、更生保護をする側が受ける側に支援を絶やさないということです。たとえ出所をしても、再犯をくり返し、再び保護施設に戻ってくる人は多くいますが、そのような人たちを諦めず、支援し続けることが保護側のやるべきことだと学び、人は誰かから支えられないと生きていけないということを改めて分かりました。また、保護施設を建てようとしても、地元の人からの反対で建てることができないと聞き、より多くの人に保護施設の大切さを理解してもらう必要があると感じました。今後、どのように施設の情報を周囲に発信していくかが課

題であると思いました。

新山陽花（法学部1年）

●今まで更生保護施設というものをよく知らなかったため、いろいろなことについて詳しく知ることができて、とても興味深いと思いました。驚いたのは、更生保護施設が民間で運営されているということです。医療費などを含め、莫大な国費を使って運営されている刑務所と深く関係する施設であるのに、「民間」であるということがとても不思議に思いました。更生保護施設内の生活も詳しく聞くことができ、新しい知識を得ることができました。また、刑務所の歴史的な設計や、更生保護施設の元となる江戸時代の長谷川平蔵の「人足寄場」の話がとてもおもしろいと思いました。このようなことについてもう少し詳しく知りたいと思いました。

齋藤未衣花（法学部1年）

●私がまず初めに驚いたのは、更生保護の仕組みの歴史が江戸時代にまで遡ることです。罪を罰し、社会秩序を守る仕組みができ上がるということは、同時に、それによって罰せられた人に対する補助が必要になることを意味するのだと感じました。刑期を終え、人間として更生するということは具体的に何を意味するのかイメージをつかめずにいましたが、川村矯一郎が刑務所での人とのかかわりを通じて更生し、その後刑期を終えた囚人たちの保護にあたったという話を聞いて、更生したとはどのようなことを指すのかが、漠然とですが、分かったように感じました。更生保護施設が国営になるのが望ましいということに、私も賛成です。被収容者たちの出所後のサポートに、国はもっと積極的になるべきだと思います。

佐藤日菜子（総合文系1年）

●まず印象に残ったのは、静岡勧善会を設立した事業家である金原明善が、当時の静岡刑務所副所長で、囚人の更生を担当した川村矯一郎に発した、「どんなに更生しても住む場所と家族が保証されていなければ生きていけない」という言葉でした。この話を聞いて、受刑者が社会に復

帰するには、心を入れ替えるだけでは足りないのだということを実感させられました。静岡勧善会を先駆けとする更生施設の普及で、住む場所は保証されつつあるものの、更生施設の入居者は家族がいないのが大半だとのことです。そのため、現在の囚人にはまだ“家族の保証”という課題が残っていると思いました。

関根かれん（医学部医学科1年）

●講演を聞いて感じたのは、犯罪者を更生させることの大切さと大変さです。お話によると、更生保護施設にやってくる人のほとんどが、家族などの身寄りがない人だそうです。そのような人にとって、更生保護施設は社会復帰にあたって唯一頼りにできるところなのだと思います。よって、この施設がいかに“かけがえのない”ものなのかを感じました。また更生保護施設では、再入所する方が多いと聞きました。何度も入所してくる人のために働くというのは、職員にとってやりがいを見いだしづらいと思います。さらに川村矯一郎のように囚人を更生させた人もいますが、彼らがそうできるまでには相当な苦労があっただろうと思います。改めて犯罪者の更生の大変さを感じました。

竹上知里（文学部1年）

●更生保護自体は国の責任で行なわれているのに、更生保護施設は民間の施設であるということに違和感を覚えました。もう刑務所の外であるのだから更生保護施設が地域の方と良好な関係を築くことが非常に重要だということを知りました。札幌大化院の4階を地域の方々が町内会などで使える集会室にするなどして、地域の一施設として認めてもらえるよう努めていることを好ましく思いました。更「正」ではなく、更「生」であることの意味をお聞きしました。「ただ、再犯したからだめ、しなかったからよい、ということではありません。生まれ変わってほしいという思いです」と話されていたことが、ひときわ印象に残っています。

田中咲穂（文学部1年）

●最も印象に残ったことは、更生保護施設が民間の施設であるというこ

とです。また、刑務所を出たあとのことまで想像が及んでいなかったことに気づかされました。講演を聞いて、更生保護施設が受け入れてくれるから仮釈放がかなうことや、満期釈放後に社会生活が始めやすくなるという事実を知りました。このような重要な役割を果たしている施設が民間であることに驚きました。職員の高齢化も進んでいて、新たに人を雇う余裕がないということでしたが、再犯率を下げる取り組みとして、すでにノウハウのある民間へのサポートを厚くして、より細かな自立支援ができたらよいと感じました。

谷内佳苗（法学部1年）

●今まで更生保護施設の存在を知らなかったので、とても興味深かったです。「札幌大化院希望寮」の沿革で、大正時代にこの希望寮の元となった札幌記念保護会は、国ではなく民間の人によって建てられたと聞いて、身寄りのない釈放者を保護しようと自ら進んで行動した人がいたということに驚きました。このように刑務所以外の場所で受刑者をサポートする制度が整えられている一方、施設のサポートにも限界があったり、再犯で何度も戻ってくる人がいたり、近隣の住民との関係など、まださまざまな問題があるように感じました。また、「白鳥由栄*」の話が印象に残り、何度も脱獄していたような白鳥が鈴木栄三郎所長と出会って模範囚となり、人間としても成長していったという実話に感動し、詳しく知りたいと思いました。

＊白鳥由栄（しらとりよしえ。青森県生まれ。1907～1979）
26年もの服役中に4回の脱獄を決行し、「昭和の脱獄王」と呼ばれた。幼くして父が病死、母は再婚、叔父の豆腐屋を手伝った。18歳（1926年）の時、蟹工船に乗り、苛酷な漁に従事。22歳の時に結婚して魚屋を営むが失敗、たびたび窃盗を働くようになる。25歳の時、雑貨商の家に盗みに入るが家人に見つかりこれを殺害。28歳（1935年）、移送先の青森刑務所を脱獄（1回目）。29歳、宮城刑務所に移監。32歳（1940年）、東京小管刑務所に移送。ここで鈴木栄三郎と出会う。鈴木の人間的扱いを受け、穏当に服役。34歳の時、治安維持法により秋田刑務所へ移送。酷い待遇を受け脱獄（2回目）。脱獄後、捕まることなく人間的扱いをしてくれた看守に会うため3カ月歩いて出頭、逮捕。秋田刑務所の待遇の酷さを訴える（1942年）。35歳の時、網走刑務所へ移監。警戒は厳しく苛酷な待遇を受ける。後ろ手の手錠での生活で身体に蛆がわいた。1944年（37歳）、網走刑務所を脱獄（3回目）。終戦を山中で知る。札幌に向かう途中青年を殺害、正当防衛を主張。判事に「酷い待遇には何度でも脱獄してみせる」と豪語。39歳（1947年）、札幌刑務所に収監。常時2人の監視を受ける中、脱獄に成功（4回目）。脱獄後は盗みを働きながら札幌の山中で過ごすが、警官に出くわし、当時貴重だっ

た「ひかり」（タバコ）をもらい、その人間的扱いに心を動かされ「札幌刑務所を脱獄した白鳥だ」と名乗り、出頭（1948年）。1948年、府中刑務所に収監。そこで所長の鈴木栄三郎と再会する。白鳥を迎え入れた鈴木は、厳重に警戒しながらも、意表をついて白鳥の手錠、足錠を外させ、炊事場で働かせるような穏やかな扱いをした。情に飢えていた白鳥は逃亡の意思を失ってしまう。以後、白鳥は模範囚として刑期を全うする。釈放後、白鳥は鈴木氏を慕って毎年正月に家を訪ねては酒を飲み、雑煮を食べたという。都内の病院で心筋梗塞により死去。白鳥を脱獄王たらしめたのは、不公平な社会と刑務所の虫けらのごとき非人間的扱いであった。彼は自らの人間性を脱獄によって証明しようとしたのかもしれない。（編集部）

徳井文香（法学部1年）

●引き取ってくれる家族のいない元受刑者にも受け入れ先があり、社会復帰への道筋が整っていることに、まずは安心しました。刑務所と同じく衣食住が揃い、これからの生活の基盤を整えることができるのは、身寄りのない元受刑者にとって、社会復帰の大きな手助けになると思いました。平均3カ月くらいで出ていく人が多いとのことでしたが、意外と短いと感じました。3カ月で就職し、家を借り、独り立ちするのはなかなか大変なように思えるのですが、出て行った人たちがその後「再犯」してしまうとしたら何が問題でそうなるのか、もう少しゆっくり準備ができたら再犯率は変わるのか、今後のゼミで考えてみたいと思います。

和高一希（医学部保健学科1年）

●更生保護施設の存在自体を刑務所訪問まで知らなかったため、講演を聞いてどのような施設なのか、どんな目的で運営されているのかを知ることができた。ただ、最後の質疑応答の際、施設の人々は何度も施設に戻ってくる人、つまりは何度も罪を犯している人に対して、「また来たのか」「ダメじゃないか」などという言葉をかけて、優しさとともに施設に迎え入れているという話を聞いたとき、少し違和感を覚えました。その優しさに甘えて、また罪を犯してしまうのではないかと思ったからです。今までの講演や刑務所訪問を通して、自分の中でやはり、刑務所も保護施設の方々も受刑者に対して"もっと厳しく接するべきではないのか"という考えが拭えませんでした。被害者やその家族の想いを考えた刑務所内の決まりごとや法律が作られるべきだと思います。

講演-2

# 「更生保護ボランティア」(要旨)

講師・北洋建設株式会社社長 小澤輝真

## 【更生保護ボランティアについて】（玉城）

「北洋建設株式会社」社長・小澤輝真氏に「協力雇用主制度」「協力雇用主」について講演していただく前に「協力雇用主制度」以外の更生保護に関わる民間のボランティア組織について概説しておく。刑務所や少年院などを出所・退院したあと、行き場がなく、就労が難しいのが現実である。実際、元受刑者で仕事に就けない人たちの「再犯率」は有職者に対して3倍以上（有職者7.8％対無職者24.8％）、刑務所再入所者の72.8％は再犯時に「無職」というデータがある（平成30年『犯罪白書』）。これらの人たちの更生保護を支えるのは、法務省や厚生労働省を中心とした国の機関だけでは不十分で、保護司や協力雇用主などの民間の人々および民間組織の協力が不可欠である。国も、これらの民間ボランティアがそれぞれの特性を活かして更生保護活動に積極的に参加できるよう、さまざまな制度を整えつつあるのが現実である。現在、更生保護を支える民間組織としては、(1)「保護司会」、(2)「更生保護法人」、(3)「更生保護女性会」、(4)「BBS会」などがある。

保護司：保護司法第1条によると、保護司の使命は「社会奉仕の精神をもって、犯罪をした者及び非行のある少年の改善更生を助けるとともに、犯罪の予防のため世論の啓発に努め、もって地域社会の浄化をはかり、個人及び公共の福祉に寄与すること」である。保護司は民間のボランティアであるが、法務大臣から委嘱された非常勤の国家公務員で、「犯罪や非行をした人が刑事施設や少年院から社会復帰を果たしたとき、スムーズに社会生活を営めるよう、釈放後の住居や就業先などの帰住環境の調整や相談を行って」いる。平成27年度現在、全国に保護司は約48,000人いるが、近年減少傾向

にある。女性が約6%を占め、平均年齢は64.7歳で、高齢化が進んでいる。保護司法第13条によると、「保護司は、その置かれた保護区ごとに保護司会を組織する」と規定され、さらにその14条では「保護司会は、都道府県ごとに保護司会連合会を組織する」となっている。いずれにせよこれらは保護司の職務や活動に関する資料・情報収集および研究促進を促すことを目的として組織されている。

更生保護施設など：更生保護施設については前述したが、現在、全国に103施設があり、「全て民間の非営利団体によって運営されており、うち100施設は法務大臣の認可を受けて更生保護事業を営む更生保護法人によって運営」されている。法務省は平成23（2011）年度から「緊急的住居確保・自立支援対策」を実施し、NPO法人などが管理する施設の空きベッドなどを活用しており、この施設を「自立準備ホーム」と呼んでいる。あらかじめ保護観察所に登録する必要がある。

更生保護女性会：「更生保護女性会は、地域社会の犯罪・非行の未然防止のための啓発活動を行うとともに、青少年の健全な育成を助け、犯罪をした人や非行のある少年の改善更生に協力することを目的とするボランティア団体」（法務省）である。全国で約17万人おり、日本更生保護女子連盟および保護観察所を通じてだれでも加入できる。

BBS会：日本BBS連盟によると、「BBS」（Big Brothers and Sisters Movement）は、その名のとおり、少年少女たちに、同世代の、いわば兄や姉のような存在として、一緒に悩み、一緒に学び、一緒に楽しむボランティア活動である。現在、全国に約4,500人の会員がいる。会の活動や入会などに興味のある人は、保護観察所内の各都県連のBBS事務局を介して入会することができる。

【協力雇用主制度について】（玉城）

この制度は、法務省が2006年から厚生労働省と共同で進める「就労支援策」の一環である。法務省によると、「協力雇用主は、犯罪・非行の前歴のために定職に就くことが容易でない刑務所出所者等を、その事情を理解した上で雇用し、改善更生に協力する民間の事業主」である。平成30（2018）年4月1日現在、約2万社

表3-2　刑務所出所者等就労奨励金制度

| 就労奨励金名 | 内容 | 最大支給額 |
|---|---|---|
| 就労・職場定着奨励金 | 刑務所出所者等を雇用した場合、最長6カ月間、月額最大8万円 | 48万 |
| 就労継続奨励金 | 刑務所出所者等を雇用してから6か月経過後、3か月ごとに2回、最大12万円 | 24万 |
| 身元保証制度 | 身元保証人を確保できない刑務所出所者等を雇用した日から最長1年間、刑務所出所者等により被った損害のうち、一定の条件を満たすものについて、損害ごとの上限額の範囲内での見舞金 | 200万 |
| トライアル雇用制度 | 刑務所出所者等を試行的に雇用した場合、最長3か月間、月額4万円 | 12万 |
| 職場体験講習 | 刑務所出所者等に実際の職場環境や業務を体験させたばあいに | 2万4千円 |
| 事業所見学会 | 刑務所出所者等に実際の職場や社員寮等を見学させることにより、就労への意欲を引き出す。 | |

出典：法務省、http://www.moj.go.jp/content/001264606.pdf

の事業主が保護観察所に協力雇用主として登録している。建築業（52%）、サービス業（13%）、製造業（11%）で、これらの3つの業職が全体の76%を、また、従業員100人未満の事業主が全体の約7割を占めている。そして約900の事業者が出所・退院者を実際に雇用している。このように、実際に採用している企業は全登録主の5%以下となっており、法務省や厚生労働省などの国の機関と民間企業などとのさらなる連携強化が望まれる。

また、実際に雇用してくれた協力雇用主に最長1年間「奨励金」を支給するという国の支援制度、「刑務所出所者等就労奨励金制度」がある（**表3-2**）。2015年から協力雇用主には制度上、年間最大で1人あたり約72万円の奨励金が支払われることになっているが、小澤氏によると、この満期奨励金の受領はきわめて稀の事例で、北洋建設ではこれまで1回しかないということである。金額は1カ月で最大8万円。たいていは2カ月分なので、会社は16万円しかもらえない。さらに、公共工事などの競争入札での優遇措置もあるが、大方の雇用主は小規模の会社であり、競争入札を勝ち抜くほどの体力はないといわれている。北洋建設も競争入札に参加したことはないという。

小澤氏によると、「会社（北洋建設）としては、出所者1人あたり約40万円を持ち出しで、面接にかかる交通費（対象者あるいは小澤氏本人の旅費）、その他、着替えや工具などの購入費などは補助

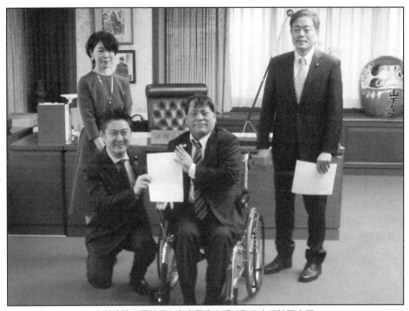

北洋建設小澤社長から意見書を受け取る山下法務大臣
出典：法務省ウェブサイト（http://www.moj.go.jp/hisho/kouhou/hisho06_00616.html）

金の対象外です。さらに、薬物乱用者に実施している不定期の尿検
査に使う検査キットの費用、および社員寮への投資などを含める
と、当社では、これまでにすでに数億円を拠出しており、会社の土
地を売ったりして、なんとかお金を工面しているのが現実です」
　受刑者1人あたりの収容費用（税金）年間約300万円（中島隆信
『刑務所の経済学』）に比べて、雇用する会社への最大年間助成金
72万円は確かに安すぎる。小澤氏は言う。「もう少し雇用主に助成
したほうがいいですよね。働き口を用意して、再犯を防いだほうが
いいわけですから」……。
　実際、刑務所帰りの人たちの再雇用については民間企業に丸投げし
ている状況であり、税金の使用方法や犯罪防止などの面から検討し
ても、「協力雇用主にもっと財政支援を拡充してもいいのではない
か」との小澤氏の指摘は妥当と思われる。このような現状に鑑み、
小澤氏は協力雇用主などへのさらなる支援を法務大臣に直接要請し
ている（**写真**）。

【人生をかけて、働く喜びを伝える】（玉城）

講師である小澤輝真氏は現在、父・政洋氏（1942〜1992）が1973（昭和48）年に創業した、札幌市にある「北洋建設株式会社」の3代目の社長である。小澤氏は非常に頑張り屋で、放送大学と日本大学からそれぞれ教養学士号と経済学士号、および放送大学から学術修士号を取得している。

北洋建設は、刑務所や少年院などからの出所者を積極的に雇用し、創業当時から今まで、延べ500人以上の出所者を雇ってきた。創業当時は高度成長期で景気がよく、建築業はどの現場も人手不足の状態であった。北洋建設も人手不足に悩み、父・政洋氏は会社の直ぐ近くにある札幌刑務所を訪ねて、「おまえ、どこに行くんだ？　引き取り手がいないならうちへ来い」といって元受刑者を雇い始めたのがきっかけで、以来、受刑者を積極的に雇用するようになった。多いときには「社員の半数が出所者だったこともある」という。

小澤氏は小さい頃から、出所者の中で育ち、彼らに「テル」と呼ばれ、可愛がられていたといい、いわゆる普通の人たちと彼らを区別することはなかったという。なぜなら、小澤氏にとって、それが「普通の生活」だったからだ。

### 就労支援の取り組み

もちろん従業員に対する偏見などはありません。父がつくった環境と少年たちの面倒をみる母の姿を見て、わたしは育ちました。その経験がわたしの生き方に大きな影響を与え、現在の少年院や刑務所を出た人たちの就労支援の取り組みにつながっています。

元受刑者は他人ではなく、自分の兄たちであり、家族の一員としてウチに受け入れ、一緒に成長することを本当に心から楽しみにしているのです。これは両親から学んだ"社員を大切にする経営"哲学を越えて、そして余命長くない難病を受け入れ、臆することなく前を向いて"自分の花を咲かせる"ことに挑戦しています。

【自分の花を咲かせる】（玉城）

このように、小澤氏は「自分の花を咲かせること」で、元受刑者に

も彼らが見たこともない「新しい自分の花を咲かせる」ことをポジティブに応援している。小澤氏は1974（昭和49）年生まれの、現在44歳。難病「脊髄小脳変性症」（主に小脳の神経細胞が変性・萎縮して現れる症状で、歩行障害から始まり、ろれつが回らない、手の震え運動失調やふらつきなどが加わり進行する）という神経変性疾患に苦しんでおり、余命あと3年といわれている。

　父も同じ難病で50歳の若さで亡くなっています。この難病に対する有効な治療法はありません。

### 【ヤンチャだった若い頃】（玉城）

小澤氏は自らも一種一級の障害者手帳を持っていて、北洋建設は障がい者の就労支援にも力を入れている。現在、北海道認証障がい者支援企業にもなっている。小澤氏は若いころはヤンチャで、高校を中退しているが、その後、時間をかけて高校と大学を卒業し、大学院では社長業をこなしながら「職親、協力雇用主、更生保護における再犯等の考察」に関する非常に独創的な修士論文をまとめている。

### 加害者雇用は被害者削減につながる

　これまで高齢者を含め、延べ500人以上の元受刑者を雇っていますが、現在も22人、障がい者も8人雇用しています。障害がある出所者も雇っています。これだけの数の元受刑者を雇用できているのは、2〜3年間で北洋建設において、しっかりと手に職をつけて、ある程度一人前になったら地元に帰るなり、自分で仕事を始めるなりを推奨しているからです。そして独立したときには、『北洋建設で働いていた』ということを堂々と公言せよと諭しています。これは当社の信用にも関わることだからです。だからといって、ボランティアで受け入れているわけではありません。

　本社には刑期終了後の受刑者の受け入れについて、全国の刑務所から電話がかかってきます。受刑者はいろいろなバックグランドで、さまざまな理由で刑務所に入っています。彼らはきわめて普通の人たちです

が、共通しているのは親に心底怒られたことがないということです。愛情に飢えています。そして、刑期を終えたときに、彼らにはほとんど働き先が見つかりません。

　本社は、全国の刑務所に求人広告を出しています。これを見た受刑者や刑務所、弁護士から、刑期終了後の受刑者の受け入れについて、電話や手紙が届きます。それを精査して、原則として、刑務所まで出向いて面接をし、その後手紙のやり取りなどをしながら、採用するかどうかを決めます。その決め手は、やはり本人が"犯した罪への反省"をどれだけ・どのようにしているかどうかです。

　犯罪者がいないと被害者がいなくなります。雇用することで再犯防止や防犯につながります。日本全国の出所者の再犯率が48.7％（平成30年度版『犯罪白書』）に対して、北洋建設では0％です。ですが、文通も何度も交わしてコミュニケーションがとれているはずなのに、"遊びたい"などの理由で、会社に来て1〜2カ月で、とつぜん姿をくらます人がほぼ9割もいます。本当にとつぜん消えて帰ってきません。残ってくれるのは1割いるかいないかです。それでも、"再入社を希望すれば受け入れる。2度目に頑張ればいい。誰かが守らなきゃ"と思っています。また、小遣いを添えて飛行機の切符を郵送したのに、それを換金して札幌に来ない人もたまにはいます。当社はこういうのに慣れましたが、赤字が膨らみます。

　出所者の面接にあたっては現地に赴くことを原則としていますが、遠方の場合は電話面接することもあります。出所者を1人雇用すると、実質約40万円かかりますが、補助金は20万円くらいですので、会社の持ち出しは20万円になります。これまで私財2億円以上は出資しています。これには交通費や着替えの服などに対する出費などが含まれています。会社は、元受刑者の身元引受人となり、かつ帰住先用として3食付きの寮を準備しています。しかし、それだけでは不十分です。彼らを"孤立"させないことがきわめて重要です。会社では、彼らの入社時には歓迎会を開き、ときどき食事や朝湯にも誘い、彼らの不平不満を聞いてあげています。とにかく"孤立"させないことです。

　もちろん、なかには仕事の途中で雲隠れする社員もいます。しかし、深追いはしません。それでもわたしは元受刑者を雇用し続けます。一人

の受刑者、一人の加害者を雇用すれば、それだけ被害者がいなくなることです。

　人は、いろいろな事情があって罪を犯しています。皆が悪いというわけではありません。当社で採用している人は良い人ばかりです。社会的に犯罪を起こさざるを得なかっただけで、みな本心から立ち直りたいと思っているんです。生活できる仕事さえあれば人は再犯しませんし、罪を犯した者ほど真剣に働く。それがわたしの信念です。

　辞めたあと、結婚し子どもが生まれ、先代の社長である母にその子どもを一番に見せたかったといって来てくれたときはやってて間違っていなかったと思う瞬間です。

　仕事や勉強、そして職親の活動を介して今のわたしがあるのは、すべて札幌青年会議所で教わりました。わたしは、元受刑者や少年院退院者、障がい者らの更生・社会復帰のために、命ある限り、全力で駆け抜けます。

---

【命ある限り】（玉城）
　母親である静江氏（2代目社長、現会長）を「親」として接している大ぜいの元受刑者から、毎年5月の母の日に、カーネーションが届くという。小澤氏は「うちに来た人は、みんな家族」という信念で、出所者の就労支援を続けている。小澤氏は、人間の可能性をとことん信じ切り、元受刑者の彼らと本気で向き合っている。それが肌を通して伝わってくる。母・静江会長は、「人を助けて、わが身助かる」ではないが、息子の生きがいである活動を全面的に支援している。それは家族全員の支援・励ましがあるから継続できているということを本人が一番よく知っている。母も家族も、「神頼みでも、iPS細胞でも、何でもいいから長生きしてほしい」と輝真氏の健康を気遣っている。なお、小澤氏は、これらの元受刑者の雇用の実績が高く評価され、皇室より「東久邇宮文化褒賞」「東久邇宮記念賞」を、法務省より「法務大臣感謝状」を、札幌市より「安全で安心なまちづくり表彰」など、多くの賞や感謝状を受賞している。

# 受講学生の感想

●北洋建設のような会社を増やしていかねばならないと改めて感じました。出所した元受刑者が再犯に走ってしまうのは、自由に使えるお金がなく、孤独で犯罪を止めてくれる人がいないといった理由もあります。長い刑務所生活は非常に特殊な環境なので、他人との協調や、目まぐるしく変わる社会への適応に難が生じます。被収容者が社会へ出るための支えとして、かなり大きな役割を北洋建設のような会社が果たしているのはいうまでもありません。ただ、運営コストの面も含めて、このような活動が普及していないのも事実なので、国の助成金は必須だと思いました。また、海外でも同様の取り組みが行われているかどうか、興味を持ちました。

岩瀬龍之介（工学部1年）

●講演の前に小澤社長の取り組みについての記事を読んで、小澤社長の「1割の人たちのために誠心誠意がんばる」という、真摯で愛情にあふれた姿勢にたいへん感動しました。小澤社長の取り組みから出所者が本当の意味で自立するのには、僕たちが彼らを理解し、受け入れることが大切だということを学びました。そして、北洋建設のような協力雇用主を増やしていくことは"再犯率の抑制"に大きな効果があると実感しました。協力雇用主を増やすためには、より多くの人々にこの取り組みを理解してもらう必要があります。生意気な意見でありますが、自分たちにもできることがあるとすれば、その理解を増進することであると考えています。具体的には、新渡戸ゼミの最終発表会において、北洋建設やその他の協力雇用主の取り組みや語られていた問題点を紹介し、聞き手を巻き込みたいと考えています。

大巻真幸（歯学部1年）

●北洋建設の取り組みや、元犯罪者に対するスタンスを今の日本の更生環境にもっと取り入れていくべきだと感じました。時間を守り（仕事に遅刻をしない）、身の回りの整頓をきちんとし（寮の部屋を清潔に保つ）、ウソをつかない（犯罪歴を隠さない）、という3点をしっかり身に付けさせ、それさえできればその人の居場所と仕事（＝お金）を提供する。今の日本では、完全に社会に同化し、元犯罪者であるということをいっさい悟らせない行動を要求しています。それではごく一部の人しか社会復帰できないのではないでしょうか。小澤社長は、くり返し罪を犯してしまう、社会から敬遠される重罪を犯してしまった人であっても一概に否定するのではなく、そこから抜け出したいという意志が感じられる人にはチャンスを与えます。まずは、このような機会を与えてくれる企業が存在していることを受刑者に広く周知することが、彼らの社会復帰の助けになるのではないかと強く感じました。

金田侑大（医学部医学科1年）

●北洋建設では刑務所から出所した人たちを積極的に雇用しているということを知りました。小澤社長は重病ながら、この方針を続け、自ら精力的に表に出て、再犯の防止に努めているということがわかりました。しかし、このシステムはあまり世間に認知されておらず、またせっかく職を与えた人であっても、約9割は辞めていってしまうというのが現状のようです。再犯を防止することは我々が安全に暮らせる社会をつくることに通じます。これからもこのような取り組みが大きくなっていけばと思います。

後藤田帆夏（教育学部1年）

●今回の講演で感じたのは、日本社会が罪を犯すシステムをつくっているのにもかかわらず、その社会が元受刑者を受け入れていないということです。「食べ物を買うお金がないなか、空腹に耐えられずパンを盗んでしまい、刑務所行きになった人に何の罪があるのか」と問われたとき、何もいうことができませんでした。いま私にできることは、一人でも多くの人に小澤社長の取り組みを紹介することなので、SNSなどを通

して、元受刑者受け入れに関する活動を広めていきたいと強く感じました。

新山陽花（法学部1年）

●刑務所での就労支援や、出所後の生活の支援はまだまだ足りないということを、改めて思い知らされました。小澤社長は重い病気を患っているにもかかわらず、ネガティブな雰囲気を感じさせず、すべて人のために行動するすばらしい人だと思いました。小澤社長の活動の知名度がもっと社会に広まって欲しいと思うことに加えて、北洋建設のような活動をしている会社が少しでも増えたら、日本の出所後の人々のその後の生活、印象も変わっていくのではないかと思います。正直、最初はイメージで怖そうな印象を抱いてしまっていたのですが、講演を聞いて、とてもユーモアにあふれ、明るく楽しいすばらしい人だと思いました。小澤社長の話はすべて興味深く、この話を他のたくさんの人にも聞いて欲しいと思いました。少しでも小澤社長の力になれるように、まわりの人に話してみたいと思います。

佐藤日菜子（総合文系1年）

●小澤社長は元受刑者の更生に対する思いが熱く、余命が3年であるのも相まって、講演はたいへん印象深いものでした。講演を通して、私がこれまでのゼミのなかで意識していなかった点が浮かび上がりました。北洋建設に入社したものの、入社前日に逃亡したり、結局は辞めてしまったりする元受刑者が多数いるとのこと。そしてその理由は、彼らの「真剣さの欠如だ」ということです。このようなお話を聞き、更生する見込みのある元受刑者にも2つの類型があると感じました。一つは心から反省し、完全に更生できる受刑者、もう一つは、結局、更生しきれない受刑者です。そして、更生に投資できる費用が限られているなか、まず支援の手を差し伸べなくてはならないのは、真摯に更生しようとしている元受刑者だと思います。その点でも、北洋建設の職業提供のあり方は理に適っていると感じました。

関根かれん（医学部医学科1年）

●私は今回の講演で、小澤社長の懐の深さに感銘を受けました。面接を
して採用したうち、7〜8割が辞めていくという現状。雇っている出所
者には2,000円札で給料を払ったり、出所後1週間経ってから歓迎会を
開いたりするなどの配慮。こういってはなんですが、経営的にはハイリ
スク・ローリターンです。それでも、出所者への愛情から活動されてい
る小澤社長は本当にすごいと思います。また、今回改めて感じたのが、
出所者の社会復帰支援の難しさです。私たち一般人に小澤社長のような
活動をすることは困難です。小澤社長のような協力雇用主を増やしてい
くような政策やプログラムを考えることが必要だと認識しました。


竹上知里（文学部1年）

●元犯罪者は必ずしも「悪人」というわけはなく、罪を犯さざるを得な
い理不尽な状況に追い詰められた末に、罪を犯してしまった人も少なく
ないということをお聞きして、ハッとしました。このような人まで、ひ
とくくりに「犯罪者」と呼ばれ、社会から締め出されるなんておかし
い、と強く思いました。同情されてもよいくらいなのに、本人は贖罪
の気持ちでいっぱいになっている。このような人もいるのだというこ
とを、少しでも多くの人に知ってほしい、伝えたいと思いました。「1
人に伝えるだけで2倍になる」という言葉に勇気が出ました。再犯もま
た、意志の弱さや、刑務所に戻りたいという気持ちばかりから起きるも
のではないと知りました。「犯罪をしろ」といっているのと同じような
状況の中で、再び「罪」を犯してしまう人を、「どうしようもない」と
言い捨ててしまうことは、けっしてしたくないと思いました。


田中咲穂（文学部1年）

●小澤社長の講演と、それに伴う事前学習で、協力雇用主制度について
知ることができました。これまでのゼミ活動を通じて、被収容者の大半
は窃盗と覚せい剤で捕まった人であり、傷害事件を起こしたわけではな
いということは知っていました。北洋建設に来る元受刑者の中には、凶
悪な犯罪を犯したわけではないのに、「犯罪者」というくくりでしか見
ない社会のために職を得ることが難しかった人もいます。小澤社長は犯

罪者という枠で彼らを見ていないので、「そんなに悪くないでしょ」ということもいっていました。それと同時に、社員という枠も越えて深く関わるからこそ愛が必要だと実感でき、実際に愛を与えることができるのだと思います。小澤社長は犯罪歴を持った人だけではなく、障がいを持った人やホームレス、引きこもりの人も雇っていると聞きました。協力雇用主には小澤社長のような人がいるからこそ、取り組みとして成功するのだろうと思いました。

谷内佳苗（法学部1年）

●もし、自分が小澤社長のように体が不自由で、余命がたった数年だとしたら同じことができるか、講演を通してずっと考えていました。私が社長の立場なら、おそらく旅行に行ったり、美味しいものを食べたりなど、自分のためにいのちを使うと思います。しかし社長は、どんなに裏切られても元受刑者を信じ、彼らを救うことは自分にしかできないと、他人のために自分のいのちを使っていました。このようないのちを懸けた取り組みは、やろうと思っても簡単にできることではなく、社長にしかできないと思います。そんなまっすぐな姿勢があるからこそ、元受刑者の社員は罪を隠さずに、「社長を信じよう」「支えよう」「変わろう」という気持ちになり、社会的にも人間的にも成長していくのだと感じました。このような取り組みをもっと広めて、元受刑者に寄り添って考えることができる人が増えれば、元受刑者の可能性がさらに広がると思いました。

徳井文香（法学部1年）

●いちばん印象に残ったのは、元受刑者には"居場所"が必要だということです。それが単なる生活の基盤となる場所ではなく、元受刑者が自分の存在価値を認められる、心の拠りどころなのだということが、映像から伝わってきました。また、会社内だけではなく、2,000円札や雪かきを通して、地域の人々との関係性を築くことができるため、北洋建設で暮らしていくことが社会復帰へとつながっているのだと感じました。今後、再犯防止のために何ができるかを考えるにあたって、北洋建設で元受刑者が得られるものは何なのか、それがどのように再犯防止につな

がるのか、に焦点を当てていきたいと思います。「心の拠りどころ」と
なる場所をどのようにつくっていくか。民間の協力が必要なのか、国家
の役割とは何か。いろいろ考えながら、自分の意見を持ちたいと思いま
す。

和高一希（医学部保健学科1年）

●いちばん印象に残っている言葉は、「受刑者に救いの手を差し伸べる
ことが犯罪の被害者を減らすことにつながる」というものです。私は刑
務所の意義を「犯罪者を社会から遠ざける」というものに重きをおい
て考えており、講演を聞くまでその発想はまったくありませんでした。
「犯罪を根本的に無くすことは難しい」という根底にある考えがそうさ
せたのだと、あとから気がつきました。しかし、私のような考えを持っ
ている人は社会に多くいると思います。そのため小澤社長の活動はあま
り社会に広まらず、政府からの援助も得られないのではないのか、と思
います。自分にできることは、この活動を多くの人に伝えること、少し
でも影響力のある人にゼミの発表を通して伝えることであるため、それ
を踏まえて発表の準備をしていきたいと強く感じています。

【コラム】
# 受刑者を雇用し続けるお好み焼屋「千房」
## −人間の無限の可能性を信じて−

「人間には無限の可能性があります。失敗しても立ち直れる」……。これが受刑者を雇用し続ける「千房ホールディングス（株）」（大阪府大阪市）の創業者（現在・代表取締役会長）中井政嗣氏（1945〜）の哲学です。彼は、奈良県内の中学校卒業（16歳）と同時に乾物屋に丁稚奉公に出て、1967年に大阪にお好み焼店を開き、そして1973年12月1日に大阪ミナミ千日前にお好み焼専門店「千房」を開店します。ちなみに彼は1986年、40歳にして大阪府立桃谷高等学校を卒業しています。ところで、千房の社名は「一人ひとりを大切にしながら……千の房になるように願い込めて……」に由来します。社訓は「出逢いは己の羅針盤　小さな心のふれあいに己を賭けよ　そこから己の路が照らされる」です。

「人間は、ひとりでは生きていけないものです。また、人は人によって生かされています。いろいろな人との出会い、小さな出会いから大きな出会いに発展していきます。一つひとつの出会いを大切にし、どんな小さな出会いにも一期一会誠心誠意尽くすことによって、自分の歩む道がみえてきます。そして、人間の素晴らしさをあらためて発見することでしょう」と、中井氏は述べています。千房は大阪府で30店舗、全国で72店舗、および台湾やアメリカ・ハワイなどの外国でも店舗を展開しています。お好み焼きといえば「千房」といわれるほど千房の知名度は高いですが、千房はほかにも世間に名を知られていることがあります。それは刑務所などからの出所者の採用にも熱心であることです。前述の「北洋建設」と同様、塀の中で面接し、出所に合わせて旅費・衣服・住まいを与え、社長みずから身元引受人となっています。でも、ほぼ4人に3人は辞めていくという現実に会いながらも、彼は受刑者を雇い続けています。

　刑務所からの出所者を彼が採用し続けている理由は、上述のように、「人間は誰でも無限の可能性を持っている」、よって立ち直る機会

をうまく提供すれば、人は更生できるとの信念からです。彼はその
お手伝いをしたいと言っています。これまで計37人の元受刑者を採
用し、現在12人が働いています。彼が中心となって2013年2月、7社
で始めた職を通じて出所者の親代わりになるための取組み「職親プロ
ジェクト」には、現在では130社が参加、全国29の刑事施設で収容者
向けに求人や面接を実施しています。出所者の採用にあたり、千房で
は、出所者が働いていることを世間に、そして元受刑者の従業員にも
「オープン」にすることにしています。これは北洋建設でも同じです。
これにはいろいろなリスクがありますが、元受刑者の就労支援や彼ら
に対する偏見の緩和などにつながるはずです。中井氏は、「出所者雇
用はあたりまえ」だという認識を社会に広めたいと言っています。
「過去は変えられなくても、未来と自分は変えられる」「彼ら、彼女
らも、社会の被害者であるように思うんです。罪を償い、社会に役
立つ人間になってもらいたい。私は雇用という形でその機会をあげ
たい」と彼は続けます。しかし、「職を与えることだけが受刑者の就
労支援ではない」「出所者は職を得ることに加え、"自分はやれる"と
の自己肯定感をもってもらいたい」と。出所者雇用の難しさがありま
す。それに対応するためには、雇う側、協力雇用主もつねに変化が求
められます。また中井氏は、刑務所内での更生・職業訓練などについ
ても、より「時代にマッチした」ものを導入してほしいと要望してい
ます。刑務所と社会がもっと後押しすれば、そして本人の自己肯定感
を高めれば、彼らは更生し、究極的には再犯防止にもつながります。

〈参考資料〉
　(1) 大阪道頓堀のお好み焼専門店 千房-ちぼう（http://www.chibo.com/）
　(2) 竹原信夫「人気お好み焼き屋『受刑者就労支援』への情熱－大阪の『千房』
　　　から社会貢献の輪が広がった」東洋経済2017年（https://toyokeizai.net/
　　　articles/-/175166）
　(3) 樫田秀樹「学歴・前科不問で「すべての責任は私が取る！」」…お好み焼き
　　　チェーン『千房』が受刑者を雇用するワケ」週プレNEWS 2018年
　　　（https://wpb.shueisha.co.jp/news/economy/2018/06/10/105914）
　(4) 樫田秀樹「裏切られてもなぜ出所者の"職親"であり続けるのか？ お好み
　　　焼きチェーン『千房』が再逮捕された社員をクビにしないワケ」週
　　　プレNEWS 2018年
　　　（https://wpb.shueisha.co.jp/news/economy/2018/06/17/106198/）

# 第4章 刑務所における再犯防止に向けた取り組み

紺野圭太

## 帯広刑務所内での再犯防止に向けた取り組み

### （1）薬物依存離脱指導

　帯広刑務所では薬物依存離脱指導プログラムの一環として、平成28年度から札幌の精神科クリニック「ほっとステーション」から外部講師を招いて「条件反射制御法」（CRCT：Conditioned Reflex Control Technique）を行なっています。実施主体は教育部門ですが、医務課スタッフも指導をサポートしています。CRCTは、①簡単な言葉と動作を組み合わせて将来ブレーキになるような自分だけの信号を作る「制御刺激設定ステージ」、②疑似注射器や疑似薬物を使って静脈注射や炙り（経鼻吸入）の真似（空振り）をくり返す「疑似ステージ」、③薬物にはまっていた典型的な1日の様子を詳しく（見えたもの・聞こえた音など）思い出して刺激を再現し、実物を摂取しない「空振り」をくり返す「想像ステージ」、④①〜③ステージを反復する「維持ステージ」へと進んでいきます。

　実物を入手できない刑務所内は安全な環境です。また、プログラムに集中する時間を確保しやすいため、各ステージの回数を重ねるのには適しています。反面、限られた空間での単調な生活が続くため、薬物摂取につながる刺激や変化に乏しく、社会復帰後の環境変化に適応困難な側面もあります。

　維持ステージを続けても薬物摂取への欲求が低下せず出所後の保護観察期間中に再使用で逮捕されたケース、プログラム中は制御刺激に熱中し「釈放後はダルクに行きます」と話していたにもかかわらず数カ月後に再使用で逮捕されたケースなど、CRCT受講者の「失敗例」は少なくありません。ただ、受講者を出所後までフォローできない関係で、刑務所職員が把握できるのは「再使用で逮捕された」ケースだけです。止め続けている「成功例」については知りえないため、長期的効果の評価も課題といえます。

　薬物（覚せい剤）使用のため受刑を繰り返す人は「人とのつながり」がどんどん少なくなっていきます。家族や友人と疎遠になり、仕事も失った末に「シャブ仲間」しか残っていない人に対しては、出所後の生活設計について助言しても無力感に襲われます。「ほっとステーション」

のスタッフも強調していますが、CRCTに加えて周囲（家族、友人、職場の仲間、ダルクなどの自助グループ）からのサポート、危機を回避する予防策など「ブレーキは沢山あった方が良い」のです。入所中から多くのブレーキを準備できるような取り組みも必要と考えています。

　当所教育部門が独自に実施しているSMARPP（Serigaya Methamphetamine Relapse Prevention Program；せりがや病院覚せい剤依存再発防止プログラム）は、「人とのつながり」を取り戻しブレーキを強化する取り組みの一例と言えます。当所では、社会の精神科医療機関で効果を上げているこのプログラムを平成29年度から取り入れています。参加している受刑者の多くが、「自分の思いを率直に吐き出せる場」と「話を聞いて共感してくれる仲間」の大切さを実感し前向きな姿勢で取り組んでいます。プログラムに出席している「とかちダルク」職員との対話を通じて、自助グループの良さを体験した参加者が一人でも多く出所後もつながり続けることを願っています。

（注：CRCT受講者については、本人を特定できないよう一部アレンジしてあります）

## （2）暴力防止プログラム

　過去に衝動的な暴力で事件を起こしたことのある受刑者に対して実施しているのが暴力防止プログラム（VPP：Violence Prevention Program）です。VPPについても教育部門が実施主体ですが、医務課スタッフも指導を補助しています。過去の体験や刑務所生活で起こった出来事について、受講者が自分自身の感情や問題解決の方法を語る中で他の受講者や指導スタッフが意見や助言を加えながら進めていきます。

　プログラムに参加する度に、「過去の成功体験がその人の行動パターンを規定している」ことを実感します。対人関係における意見の対立を、威圧的な態度や暴力で相手を黙らせるなど、「力」で解決した経験のある人は、それが成功体験となって次の機会にも同じ方法に頼るようになります。こうした暴力的な行動パターンが強化されるにつれて「力」を正当化する考えに支配された結果、他の選択肢に目を向けなくなった受講者が多い印象を受けます。

　このような特性を持つ受刑者が、柔らかい言い回しを使いながら話し合いで問題を解決できるようになるのでしょうか。指導スタッフがアドバイスしても、「職員は違う立場だ」と割り切っている受刑者の心には

なかなか響かないと思われます。実際に心を動かすのは、「同じ立場の」受刑者同士で話し合った内容ではないでしょうか。プログラムでは、受刑者同士の話し合いや受刑者本人の気付きを引き出すよう職員が認知行動療法をベースとした関わりを通じて根気強く取り組んでいます。

### (3) 社会復帰支援（特別調整）

　高齢や障がいなどが理由で自力での社会復帰が困難な受刑者に対して、出所前から福祉的な支援を準備し円滑に出所後の生活へ送り出す取り組みが「特別調整」です。主に分類部門と保護観察所、地域生活定着支援センターが関わる特別調整には、安定した社会生活を送る重要な基盤である「健康」を支える医療との連携が不可欠です。

　医務課スタッフとしては、候補者のピックアップから始まり対象者に決まった受刑者に対する面接への同席や助言、日常診療場面での声掛け・心情把握を行なって関係構築に努めています。関係部署・関係機関に対しては対象者の診療情報に加え生活上の変化などきめ細かく情報提供を行なっています。

　特別調整に携わって感じるのは、「マッチングの重要性」です。その人と相性の良い受け入れ先を見つけられるかどうか、が成功のカギを握っています。受刑を繰り返してきた（多い人では10回以上）人の多くは「好きなものを食べたり酒を飲んだりできる縛られない暮らし」を好みます。福祉的支援で受け入れ先となるグループホームや救護施設では集団生活を送る上での一定のルールに縛られる上、生活保護費を入居費に充てるため衣食住には困りませんが金銭的なゆとりはありません。そのため特別調整進行中に窮屈さを感じて「やっぱり止めます」と辞退するケースも珍しくありません。このように、対象者全てが「福祉になじむ」とは限りませんが2回目、3回目と特別調整を繰り返した末やっと施設に定着できたケースもあります。私たちが何回も失敗して学んだ「マッチング」のキモは、「日々の関わりを粘り強く続けることで関係性を構築し対象者の特性を深く理解すること」です。医務課スタッフは疾患や障がいに関するプロとして、患者の不安や不自由に寄り添いながら将来の生活設計についても相談に乗るというスタンスで特別調整に関わっています。

## （4）意欲を維持するのは「職員同士のつながり」

　診察中の受刑者から「オレは、ココ（刑務所）の検査を信用してないから薬は飲まないよ」と言われたり、親身になって出所後の生活について助言した受刑者から出所時感想文に「きちんと診察して欲しい」と書かれたり。医務課スタッフに限りませんが、刑務所職員は時に受刑者から厳しい言葉を浴びることがあります。職員も受刑者も人間ですから、相性や好き嫌いがあるのは当然です。それでも、一生懸命関わって相手のためと思ってしたことが通じていなかった現実を突きつけられるとモチベーションが低下します。

　それでも、裏切られることを恐れずに受刑者に向き合い、時に寄り添うのが職員の役割です。一人で抱え込んでいたらやる気を維持できません。燃え尽き防止には、職員同士の情報交換やガス抜きが不可欠だと日々感じています。受刑者に関する様々な情報（普段の生活状況・仮釈放の見込み・工場や居室での人間関係など）はもちろんですが、細かいやり取りについて他のスタッフと情報を共有する（聴いてもらう）ことでかなり負担は軽減され、リセットするきっかけにもなります。このように、「職員同士のつながり」が最終的には受刑者への親身な関わりにつながっていくのではないでしょうか。

### 再犯に関する受刑者の意識調査から見えるもの

　全国の刑事施設に入所した受刑者に対する再犯に対する意識調査（平成28年）においては、犯罪と関わりなく生活できた期間について受刑者自身にその理由を尋ねています。初回入所者・2回以上入所している「再入者」とも「衣食住が安定していた」「自分を必要としてくれる人がいた」「仕事がずっとあった」についての該当率が高い結果でした。また初回入所者と再入者を比較すると、初回入所者においては「お金に余裕があった」「身体が健康だった」「精神的に健康だった」「仕事にやりがいがあった」「仕事以外に熱中できるものや趣味があった」に関する該当率が再入者よりも有意に高く、安定的な社会生活を支える最低限の基盤や人間関係、日常生活における充実感などの様々な資源が備わっている傾向が示されました。一方の再入者においては「刑務所にいた」（受刑していたので犯罪と関わらなかった）の該当率のみが有意に高く、

社会生活を送るための資源に乏しいことが窺われます。

　この調査では、最も影響が大きかった犯罪離脱理由についても質問しています。人によって理由は異なりますが、初回入所者においては「仕事以外に熱中できるものがあった」「将来の目標があった」の該当率が再入者より有意に高い結果でした。また初回入所者は「かつて犯罪からの離脱に最も大きく影響した理由が今後備われば再犯しない」と考えている者の割合が再入者よりも有意に高く、再入者においては「たとえその理由が備わったとしても再犯に及んでしまうかもしれない」と考えている者の割合が有意に高い結果が見られました。この結果から、特に再入者に対しては犯罪離脱に役立つ要因・資源の獲得・整備だけでは不十分で、<u>犯罪に関わらず生活できる自信を高めるなど希望を持てるような働きかけが必要</u>と考察されています。刑務所内で受刑者に接している私たちも、入所回数が多い人にとっては「塀が低い」（「ばれて捕まっても仕方ない」と悪い意味で開き直って犯罪に至ってしまう）ことを実感しています。刑務所内での取り組みには限界がありますが、今後は保護観察所などとの連携を通じて「社会生活への自信を高め希望を持てる」働きかけを強化すべきではないでしょうか。

　この意識調査に関する最終的な考察では、上記に加えて「自分の責任で問題を解決していこうとする主体的な姿勢」を持たせる必要性が強調されていますが、同時に自分の問題に向き合う作業の難しさについても指摘されています。刑務所内での再犯防止に向けた取り組み（特別調整や教育プログラム）の中でも、この難しさを日々感じています。多くの職員が粘り強く働きかけても失敗に終わるケースは珍しくありません。トライアンドエラーを続けながらより良い関わり方を模索し続けています。

〈参考文献〉
法務総合研究所（2019）．研究部報告59　再犯防止等に関する研究．1-35.

## 窃盗に及ぶプロセスと再犯防止に向けたアプローチ

　法務総合研究所における窃盗事犯の成人女性に対する研究（平成29年）では、①虐待・いじめ・喪失体験をベースとした対人関係構築の失敗・対人不信・自己コントロール困難といった心理状態（傷つき体験）、

②対人関係における摩擦や生活苦といった悩みの抱え込み・心理的不安定・アルコールや薬物の乱用といった状況の悪化（間接的ひきがね）、③犯行の決意・金品との遭遇をきっかけとした窃盗への衝動（直接的ひきがね）という3段階を経て犯罪に至ることが示されています。その上で、再犯防止には「傷つき体験」を意識した上で本人に関わり、「間接的引きがね」を自覚させそれ以上状況を悪化させないようサポートすることが重要であると指摘されています。保護観察の場においては保護観察官や保護司の役割が重要ですが、受刑中・社会復帰後を含めて関わる人すべてが本人に「傷つき体験」や「間接的ひきがね」と向き合う機会を与えるよう意識しながら支援を続けることが求められるのではないでしょうか。

　また、法務総合研究所における成人男性に対する研究（平成30年）からは、①生育過程でのいじめ・虐待・喪失体験をベースとした社会への不適応（結びつきの喪失）、②A社会生活の失敗から自暴自棄・現実逃避といった社会生活の破綻、②B非行・不良交友の中で行なった窃盗における予想外の成功体験、③窃盗機会探索の習慣化・金品との遭遇をきっかけとした窃盗への衝動（窃盗生活）という3段階が明らかになっています。男性においては特に、他者との関係性を保って生きていく「社会生活」を諦め、孤立した末に自己評価が損なわれている点が注目されています。当所受刑者に関しても、「窃盗症」の診断基準（次ページ）を満たすのは「ごく一部」で生活能力の低下・社会生活維持への諦めをベースとした窃盗が多くを占めている印象を受けます。さらに、社会とのつながりを取り戻せるよう居場所をつくること、そして「自分の価値を認めてもらう体験」が重要な意味を持つという同研究の指摘は、保護観察期間に限らず受刑中や社会復帰後における関わりでも重要と思われます。

〈参考文献〉
　法務省保護局観察課（2019）．窃盗事犯者の保護観察処遇について―本当に欲しかったものは何か―　更生保護，70(3)，6-11。

# 【コラム】 窃盗症について

近年、「病的窃盗」や「クレプトマニア」という用語がメディアなどで散見されます。このコラムでは、窃盗症の概要について簡単に説明します。

## (1) 診断基準

米国精神医学会が作成した「精神疾患の分類と診断の手引きDSM-5（Diagnostic and Statistical Manual of Mental Disorder 5th version）によると、窃盗症は以下のように診断されます。

ベースに他の精神疾患（統合失調症に伴う命令性幻聴や妄想に基づく窃盗・躁状態で合理的判断力を欠くため窃盗・認知症のため支払いを忘れ窃盗など）がある場合、窃盗症とは診断されず各疾患に応じた治療・対応が必要になります。

但しうつ病などの気分障害、不安障害、物質（覚せい剤・アルコールなど）使用障害、摂食障害の合併も少なくないためこれらの治療も同時に行なわなくてはなりません。

## (2) 疫学

米国の研究によると、窃盗症の有病率は一般人口の間では0.6%、万引きをする人の間では3.8〜24%と推定されています。男女比（男：女）は1：3、発症時期は青年期が多く診断されるのは女性で35歳頃・男性で50歳頃とされています。自分から受診することは稀で、殆どが窃盗を繰り返すため法的命令によって受診するとされています。

## (3) 治療

窃盗症の病態生理については解明されておらず、効果の高い治療法は確立されていないのが現状です。患者の特性に応じて薬物療法と精神療法を組み合わせ、粘り強く続ける必要があります。

薬物療法については、幼少期の傷つき・虐待体験や性的欲求の抑圧が気分障害・不安障害や衝動的窃盗と関連している場合には抗うつ薬（SSRI：Selective Serotonin Reuptake Inhibitor）の効果が期待されます。また、物質使用障害（アルコール・薬物）を合併しているケースではナルトレキソン（日本では未承認の抗酒薬）が有効との報告もあります。他に衝動的な窃盗欲求の抑制を目的として抗てんかん薬が用いられることもあります。

精神療法としては、行動療法・認知行動療法・脱感作療法・自助グループなどが挙げられます。また先に述べた「ほっとステーション」では「厳密にはDSM-5の診断基準から除外される」盗癖症例に対する条件反射制御法を導入しており、一定の効果を上げています。

〈参考文献〉

浅井逸郎（2019）．病的窃盗（窃盗症）について　更生保護，70(3)，12-15。
長谷川直美（2016）、外来治療で取り組む盗癖に対するCRCT　条件反射制御法研究，4，37-41

---

DSM-5 312.12　窃盗症　kleptomania（クレプトマニア）

A. 個人用に用いるためでもなく、またはその金銭的価値のためでもなく、物を盗もうとする衝動に抵抗できなくなることが繰り返される
B. 窃盗に及ぶ直前の緊張の高まり
C. 窃盗に及ぶときの快感、満足、または解放感
D. その盗みは、怒りまたは報復を表現するためのものではなく、妄想または幻覚への反応でもない
E. その盗みは、素行症、躁病エピソード、または反社会性パーソナリティ障害ではうまく説明されない

# 第5章　再犯防止を考える

今回のゼミでは、「再犯防止」に特化して、学生は議論を深めていった。ゼミは週末に6回、そのうちに刑務所訪問、外部講師の講演などもあって、学生同士の全体検討はきわめて限られていた。しかし、学生同士の連携意識は高く、限られた時間内に意見をまとめ、全体発表を行なった。ここに学生の検討した結果である、「いま、再犯防止を考える」を報告する。

玉城英彦

## 札幌刑務所の概要

　札幌刑務所は法務省設置法に基づいて設けられた国の施設、つまりは刑事施設です。そのため、①犯罪者を社会から隔離して、社会の安寧秩序を図る、②刑罰の執行過程で、規則正しい生活をさせながら、教育、作業、および職業訓練などを実施し、善良な市民として社会復帰させること、の2つを目的に運営されています。

　大まかな歴史を概説すると、1870（明治3）年に札幌市北1条西1丁目にあった北海道開拓使庁舎の一部を獄舎に充て、1880（明治13）年、現在の東区に新築・移転された。その後、改築工事、新営工事を経て、2014（平成26）年に今の建物となった。よって外観、内部ともに比較的新しい建築物となっています。また施設の特徴として、20歳以上で実刑期が10年未満の犯罪傾向が進んでいるもの（再犯を起こしているもの）、および言語や風俗習慣で特別な配慮を要しない外国人受刑者を収容しています。

　このほかにも、精神および身体上に重度の疾病や障害のある受刑者を収容し、治療する「医療センター」としての役割や、管内各施設で確定した執行刑期1年6カ月以上、かつ年齢26歳未満の初犯受刑者を収容し、処遇要領と刑事施設を決める「調査センター」としての業務も行なっています。

　札幌刑務所が近年抱える問題点の一つとして、入所者の「高齢化」が挙げられます。その高齢受刑者の多くは「常習累犯」（3犯以上）による再入者である。問題点の背景には何があるのだろうか。まずは日本の犯罪、とくに「再犯」に焦点を絞り、その現状を見ていくことにします。

## 再犯の現状

　［図5-1］は、平成18年から平成28年にかけての再犯者人員・再犯者率の推移です。濃い色の棒グラフが再犯者の人数、薄い色の棒グラフが初犯者の人数、折れ線グラフが刑法犯のうちの再犯者の割合を表しています。このグラフを見ていただければわかるように、刑法犯自体の認知件数は減少傾向にありますが、その全体に占める再犯者の割合は年々高

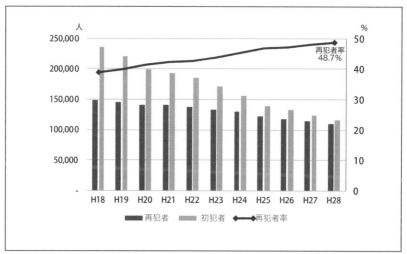

図5-1　日本の再犯の現状　再犯者人員・再販者率の推移
「平成29年度版犯罪白書」（法務省）より作成

まってきています。H28年度のデータに注目していただけると、その割合は48.7％にまで上昇しています。[**図5-2**]は、平成29年度版犯罪白書を基に作成した、年齢階級別2年以内再犯者率の割合を示すグラフです。どの年度でも、年齢が上がるほど再犯率が上がっていることが読み取れます。とくに再犯率の高い65歳以上の高齢者における再犯防止には何が必要なのでしょうか。私たちは、出所後の福祉的な支援が重要ではないかと考え、再犯防止に向けた一つ目の柱と位置づけました。

　別の切り口から再犯の要因を考察してみます。刑期を全うして出所したにもかかわらず、なぜ再犯をしてしまうのでしょうか。出所者の中には生活拠点を確保できないまま出所し、再犯に至る者も数多く見受けられます。また、出所後の社会的な居場所がない、生活資金がない、万引き行為への依存（クレプトマニア）など、さまざまな原因が考えられますが、なかでも大きな原因として挙げられるのが「職がない」ということです。職がなければ当然生活のための資金を継続的に得ることができません。

　無職者の再犯率は有職者の再犯率に比べて約3倍となっています。平成30年11月2日に放送された『NEWSな2人』（TBS系列）の中で、とある元受刑者が約5年間服役しても出所時に受け取った「作業報奨金」

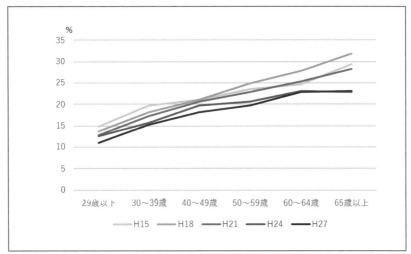

```
 %
35
30
25
20
15
10
 5
 0
     29歳以下   30～39歳   40～49歳   50～59歳   60～64歳   65歳以上

     ── H15   ── H18   ── H21   ── H24   ── H27
```

図5-2　日本の再犯の現状　世代別2年以内再犯者率
「平成29年度版犯罪白書」（法務省）より作成

はわずか10万円程度だったと語っているように、受刑者の中には出所
後すぐに職に就けなければ生活費にも事欠いてしまう人もいます。さら
に、平成28年に刑務所から仮釈放された13,260人のうち、83.6％を占
める11,080人は無職のまま仮釈放されました。

　人員としては犯罪者の3割程度である再犯者によって犯罪の約6割が
引き起こされていることを鑑みると、再犯者を減らすことは犯罪件数そ
のものを減らすことに直結し、約8割にものぼる出所時の「無職率」を
改善することでこれを達成できるのではないでしょうか。私たちはこの
ような理由から、「職の有無」というのは再犯をしてしまう非常に大き
な要因であると考えました。

　このような現状分析のすえ、私たちは、就労と、就労が困難な人々に
対する福祉という2つの軸を設定し、再犯防止にむけたアプローチを考
えていきました。

　はじめに、次に紹介する「北洋建設」の小澤社長の講演が大変印象的
だったため、就労支援のうち「協力雇用主制度」に注目しました。日本
には協力雇用主制度というものがあります。協力雇用主とは犯罪・非行
の前歴のために定職に就くことが容易でない刑務所出所者などを、その
事情を理解したうえで雇用し、改善更生に協力する民間の事業主です。

平成30年4月現在、全国で20,704の「協力雇用主」が登録されています。この制度の存在により、就職困難な出所者に生活自立を図るために欠かせない就労の機会を与え、さらに孤立感や反社会性を和らげることができています。これは再犯防止に大きな効果があると考えられます。

## 協力雇用主制度

　次に、札幌で協力雇用主として活躍されている小澤輝真さんについてご紹介します。

　小澤さんは1973年の創業以来、出所者や少年院退院者を含む就労困難者を500人以上雇用してきた「北洋建設株式会社」の代表取締役を務められている方です。先天性の難病を患い、「余命わずか」との宣告を受けながらも各地の刑務所に自費で赴き、出所者の雇用に献身的に取り組まれています。小澤さんは「たった1割でも良いから救いたい、その人たちのために僕は誠心誠意がんばっているんです」と言いました。小澤さんのひたむきで、懸命な取り組みにもかかわらず、わずかに残る1割の人たちのために、小澤さんは今日も汗を流しています。

　調べていくなかで、協力雇用主制度には多くの「課題」があることがわかってきました。

　第1に、実際の運用があまり進んでいない、ということが挙げられます。平成30年4月時点で登録している協力雇用主は20,704社ですが、そのうちの実際雇用は877社にとどまり、その割合は全体の4.2%にしか満たないのです。この運用率の低さは10年前からほぼ横ばいであり、改善されていません。また、平成29年の時点において、協力雇用主制度での被雇用者は1,204人で、そのうちの仮釈放者は525人でした。平成28年の無職の仮釈放者は11,080人ですので、協力雇用主制度によって雇用された仮釈放者はわずか4.7%ということになります。

　くわえて、元受刑者を雇用するというハンディーを抱える協力雇用主への優遇制度が整備されていないことも問題として挙げられます。大阪府池田市を例にとって説明します。

　池田市では、保護観察者等の再犯防止のための就労支援活動の一環として、大阪保護観察所に登録された協力雇用主に対し、建設工事について優遇措置を導入しています。その内容は、建設工事選定格付けの際に

主観評点として一律に10点を加点するというものです。しかし、この評点（建設業法に定める経営事項審査情報の総合評定値）は上限値が2,143点、下限値が−18点というものであり、10点の加点というのはあまり大きな意味をなしていないように見えます。そのことが原因となっているのかは定かではありませんが、池田市では協力雇用主に対し、建設工事を発注した実績はないといいます。

　北洋建設では、出所者を雇用するのに、1人あたり1カ月で20万円の費用がかかります。これに対し、国からの助成金は8万円と、非常に少ない。それに加え、助成対象となるのは保護観察所という、出所者や非行を犯した少年を保護観察する施設に認可された者に限られます。そのため認可されていない出所者や、出所から半年が経った出所者は助成の対象外となってしまい、社会に出ても雇用されにくいという状況があります。また就職した元受刑者の業種を見ると、建設業が57％、サービス業が13％、製造業が5％と、限定的であるなど、協力雇用主制度にはさまざまな課題があります。

　協力雇用主が苦労している根本の原因は何か——。それは、一般社会の元受刑者に対する理解が欠如していることにあります。北大生1、2年生を対象にした、刑務所の実情に関するアンケートでは、「受刑者の食事をだれが調理するか」という問いに正解したのは約22％で、窃盗罪で一度つかまり、出所後「5年以内にまた窃盗で捕まる人の割合はどれぐらいか」という問いには、なんと12％のみが正解でした。このように、私たちは刑務所や受刑者の「実情」について、よくわかっていないということがわかりました。協力雇用主や出所後の受刑者が苦労する原因の一つは、私たちの「理解不足」にあるのかもしれません。

　刑務所の中を「見たい」と答えた人は67.6％いるにもかかわらず、実際に「見たことがある」と答えた人は、わずか5.2％でした。刑務所のことを「知りたい」という思い、つまり「教育」のニーズはあります。それゆえ、まず、私たち自身が刑務所や受刑者について“知る”ことから始めなければなりません。

　そこで、私たちからの提案として、学校教育による刑務所、犯罪の実情についての理解の増進が挙げられます。前述したとおり、教育のニーズはあります。学校教育で再犯率や出所者に対する自立支援の取り組み

などについて学ぶ機会を設けることで、人々が実情を知り、出所者に対する理解を深めることができ、最終的には協力雇用主といった支援者の増加、出所後の就労に関する未熟な制度・取り組みの改善へとつながっていくのではないでしょうか。

　続いて再犯防止に向けたもう一つの軸である「福祉的支援」に目を向けたいと思います。60歳以上の男性、女性ともに、年々検挙人員数は上がっています。この原因としては、出所後に、身寄りがないこと、職がないこと、帰る家がないこと、などが挙げられます。これらは高齢者に限ったことではありませんが、高齢者ほど家族や職、住居を確保し直すことが難しいことは確かです。

　この問題について他国ではどのように取り組んでいるのでしょうか。ドイツのバーデン＝ヴュルテンベルク州ジンゲンにある高齢者用刑務所では、高齢者の社会復帰のためにさまざまな取り組みが行われています。たとえば、日中は自由に所内を動けること、料理教室や記憶トレーニングプログラム、面会時間が6時間であることなどです。またベルリンのハーケンフェルデ刑務所では、タイムカード制で1日16時間自由に外出することができ、仕事を続けることもできます。

　一方、日本では、長期にわたり閉鎖的な環境の刑務所に収容されることで、人間関係や住居、仕事などが失われやすい状況にあります。仕事の継続のために受刑者が社会に出ることは、市民にとっての安全性などの問題点もありますが、高齢受刑者に特化した社会復帰プログラムや、社会とのつながりを失わないようにする取り組みの、さらなる強化が必要と思われます。

〈参考文献〉
　「Doitsu　News Digest　Panorama」2014. 7.4
　http://www.newsdigest.de/newsde/news/panorama/6113-981-02/　閲覧日
　　2019.1.6
　「法務省行政改革会議　第7回会議　平成15年11月17日」
　http://www.moj.go.jp/shingi1/kanbou_gyokei_kaigi_gijiroku07.html　閲覧日
　　2019.1.6

## 再犯防止 ― 学生たちの提案

　私たちはこれまで述べてきた就労・福祉的な支援の両方を行なっている更生保護施設について、札幌大化院の施設長・佐々木孝一さんからの

講演をいただき、さらに考察を深めました。

　更生保護とは、刑務所や少年院を出て社会に復帰する際に、頼ることのできる人がいないことや生活の困窮により、すぐには自立更生することのできない人の更生を助けるため、一定期間保護することです。犯罪歴によって、就労が困難になったり、気が引けて生活保護を求められなかったりするということがあるため、生活困窮に陥りやすい。その中でやむにやまれず万引きをしてしまうという再犯が多い。更生保護施設は、そのような再犯への道を断つことを目指しています。

　現在は、民間の更生保護施設が、「住まい・食事」の提供や「生活・就労」の指導、「医療・福祉」の斡旋を行い、再出発を支えています。刑務所や少年院を出たあと、まず国の保護観察所で指導・支援を受けます。そこで、身寄りがない方などは更生保護施設に入居できるよう調整してもらうことができます。そうして入居となります。

　更生保護施設は、刑務所のような「隔離」された固有の空間ではありません。地域社会の中の一施設です。そのため、地域の方との良好な関係が不可欠です。「札幌大化院」（希望寮）も、周囲の方に受け入れてもらえるようなあり方を模索していました。こうした更生保護施設もまた、生活が困難なときにすがることのできる「セーフティーネット」として機能していると知りました。刑務所の内外をつなぐもうひとステップとなっています。

　刑務所や少年院を出たあと、いきなり社会に放り出してしまうのではありません。私たちは、刑務所内外の大きなギャップ―たとえば、刑務所では無料で手厚い医療が受けられるが、出所後はなくなります。そのときに、手を貸してくれる人から断ち切られてしまったと感じる方がいるかもしれません―が再犯の一因となっているのではないかと考えました。そのため、こうした施設の存在を好ましく感じます。

　しかし、高齢であることや病気、障がいなどにより、働きたくても働けない方も大勢います。その方々のことを想うと、この制度にも穴（欠陥）が見えてくるように思われます。事実、更生保護施設は、そうした出所者の就労を指導するときにはハローワークや福祉事務所に特別の援助を求めており、自立に際しては、福祉事務所に相談をすることを勧めています。ですが、就労を前提とした自立の実現を後押しする制度で

は、そのような方々はいつでも「例外」とされてしまいます。加えて、期間が限られているため、自立の準備が整わないまま、退去しなければならないこともあるかもしれません。

　再犯者の中で高齢の方が占める割合が増加してきている現在、その割合はさらに増加していくことが予想されます。「例外」の人が次第に増加してゆき、いつかは「一般」の人を追い越して、大半を占めるようになるかもしれません。そのような時代の到来に備えて、就労を前提にするのではない制度もまた考えておく必要があります。

## 「二重のセーフティーネット」の提案

　そこで、私たちは「二重のセーフティーネット」を提案したいと思います。それは、既存のセーフティーネットでキャッチできなかった人をキャッチできるような、目のより細かい「二つ目」のセーフティーネットです。

　私たちが提案するのは、「更生保護施設に就労力のない人のための福祉施設を併設すること」と、「その施設のスタッフを刑務所に定期的に派遣すること」です。「コミュニティの連携」とも言い換えることができます。これによって、すべての出所者が生活の基盤を確保することができます。引き取り手が存在せず、一度更生保護施設に入ったが、職が決まらないままに半年が過ぎてしまい、生活手段がないままに更生保護施設を出ざるを得ない、という人はいなくなるでしょう。結果、生活のために再犯をして刑務所に戻る必要はなくなります。

　また、「居場所がないこと」を高齢者犯罪の原因として挙げましたが、出所者に居場所がないことは刑務所が社会から隔絶された施設であることに起因しています。そこで、福祉施設のスタッフが受刑者と刑務所内で関わりを持つことによって、刑務所内と外をつなぐ接点とします。スタッフ自体が、出所者が社会に戻るための錨（いかり）となります。

　さらに、更生保護施設と併設の福祉施設自体も、一般社会から忌避されていては意味がありません。出所者と社会のつながりを広げるため、地域を巻き込んだコミュニティを作り上げることが最終目標です。一つ目の提案で述べた「地域住民の理解を得ること」にもつながります。地域の人にとっても、出所者にとっても、すべての人が分け隔てなく触れ

合える「交流センター」のようなかたちになることを期待したいです。

　余談ですが、グループで話し合っている際に「動物」を使用した更生の話が挙がりました。出所者に動物を飼育させ、生き物に対する責任感から再犯を抑止することを目標としたプログラムです。グループでの結論は、「自分の生活も安定しない出所者が動物を飼育するのは現実的ではない」となりましたが、提案した施設および交流センターでイヌやネコなどのペットを飼うと人々が集まりやすくなるかもしれません。出所者が「ペット友という新たなコミュニティへの参加することにもつながるのでは？」との期待もありましたが、アレルギーの問題もあるため、簡単にはいかないかもしれませんが、一考する価値はありそうです。

## 「誰一人取り残されない社会」の実現のために

　これらの提案をまとめると、再犯防止を進めるためには、協力雇用主制度や助成金を拡充し、出所したあと、受刑者に就労の機会や環境を提供し、職につなげることが重要です。また、就労が困難な出所者に対しては、現在ある更生保護施設にとどまらず、"二重の"セーフティーネットとなるような「コミュニティ」を提供し、社会とのつながりを隔てないために、さまざまな組織や施設が連携して福祉につなげることが重要です。

「再犯」は、犯罪者本人の問題だけでなく、社会が生み出してしまう場合もあります。受刑者本人の努力が欠かせないことはもちろんですが、彼らの社会復帰に対して一般社会が理解の姿勢を示すという相互の歩み寄りが、再犯防止では重要です。

　そのためにはまず、私たちが「再犯の現状」を知ることから始めなければなりません。再犯防止は犯罪者だけのためでなく、私たち自身のためでもあります。なぜなら、再犯防止を進めることで、すべての人々が安心して生活できる社会に近づき、国連の「SDGs」（Sustainable Development Goals：持続可能な開発目標）の理念でもある、「誰一人取り残されない社会」につながるからです。

# 第6章　再犯防止への決意

学生のパラダイムシフト

前回（2017年）のゼミでは、学生たちは2カ月間の学びの中で、出所者の状況を理解し、彼らを受け入れる社会がなければ「再犯は減らない」との認識に至った。そして最終的には、「自分たちが変わらなければ」と意識を変容させていった（前出『刑務所には時計がない』）。ともに支え合う「人間らしい社会」の構築は、まず自分たちから始めなければならないと……。学生のこのパラダイムシフトは、「世界に変化を望むのであれば、自らがその変化になれ」という、マハトマ・ガンディー（Mahatma Gandhi、1869～1948）の精神を彷彿とさせる。それとともに、失敗を認め、心機一転してもう一度やり直しができる社会、多少できそこないの人間をも、そのまま愛することができる世界を作らなければならないとの結論に導かれる。

新葉は、若い木からばかりではなく、刈り取られ、死にかけているように見える古樹からも出てくるのだ。更生とは、古木からも新葉を育て、古葉を土に戻す地道なプロセスにも見える。

玉城英彦

## 再犯を生む社会に終止符を

阿達柊斗（法学部1年）

「死刑にしてほしい」「極刑を望みます」……。これはある刑事事件の判決に対するSNSの反応です。もちろん、国民は特別な法知識や公判立ち合いの経験に乏しいため、被害者感情に流されてしまうことはうなずけます。しかし、このような社会の風潮が一度過ちを犯した者を受け入れず、犯罪者らをさらなる犯罪へと誘ってしまっているのではないでしょうか。ここでは私たちが「玉城ゼミ」における活動を通して考えてきた、「なぜ再犯は生まれるのか」「再犯を防止できないだろうか」というテーマについて取り上げます。

　では、実際に私たちが視察してきた札幌刑務所や北洋建設の方々などの取組み、法務省や警察庁のデータを基に論じていきます。

　札幌刑務所の視察は私の認識を大きく変えることとなりました。被収容者の個室内にはテレビが備え付けられてあり、食事内容もかなりバラエティに富んだものでした。また、被収容者が受ける矯正医療は完全無料です。この政策が「最低限度の生活」を保障するものであるか、当初はいささか疑問を感じましたが、彼らを更生させるためには避けられない経費であると現在では考えています。再犯を起こす理由の1つに被収容者自身の「貧困」があることを鑑みても、感情論のみで討論することは不十分ではないでしょうか。刑務所の環境に甘んじてしまうという意見はもちろんあるでしょうが、環境が変わればすぐに再犯率が下がるとは言えません。H28年度の一般刑法犯検挙人員中の再犯率は48.7%（警視庁統計）と半数を占めていることを踏まえても、犯罪者の更生は長期的な目で見て解決することが必要です。

　再犯防止を考えるにあたって、更生保護施設である札幌大化院施設長・佐々木孝一氏と、北洋建設で協力雇用主を務める小澤輝真氏に講演をいただきました。

　「更生保護施設」とは、刑務所出所者らのうち、身寄りのない者たちに一定期間宿泊場所や食事の提供をする民間の施設です。「協力雇用主」とは、犯罪や非行をした人を雇用し、立ち直りを助ける民間企業です。

彼らは出所者の生活基盤や職の確保に努めているが、多くの課題があるのが現状です。国からの助成金が少ないことや、出所者が就労可能な業種が限定的であること、退所者があとを絶たないことなどが挙げられます。出所者が社会復帰して更生するためには機能の拡充や助成金のさらなる給付を要するといえます。

　これまで札幌刑務所をはじめとする再犯防止の取り組みについて見てきましたが、では再犯防止にはさらにどのような取り組みが必要とされるのでしょうか。根底の課題として、犯罪者の生活環境や更生状況を理解することが必要でしょう。再犯を起こす要因は意志が弱いということだけでは論じえません。クレプトマニア（窃盗症）を含む精神疾患や、生活困窮を打破するために衝動的に行なう犯罪もあります。初めに述べたような、一様に犯罪者に帰責性を求めるような社会において、出所者が復帰することは多くの難題を孕んでいます。多くの人が現状を理解することが一番ですが、まずは彼らを保護する者や雇用する者、出所者の身近にいる者から理解の輪を広げていくことが必要です。

　彼らの直接的な更生・就労支援においては、予算・就職可能な業種の拡大が望ましいと考えます。協力雇用主制度の業種内訳が、建設業・サービス業・製造業など、人々の生活やインフラに大きく影響を与える業種であることを顧みても、彼らが「労働力」として重要であるという点から目をそらしてはいけません。そのような建設的な根拠を基に助成金を増やしていくべきではないでしょうか。刑務所の再入所者のうち約7割が再犯時無職（平成28年版『犯罪白書』、法務省）というデータからもわかるように、生活基盤を確保し、社会からの孤立感をなくすために「職」は重要な要素であるため、業種の拡大はその一助となるのではないでしょうか。職に就くことが難しい高齢者や障がい者の出所者に対しても、福祉の面で身体的・心理的なケアが必要ではないでしょうか。

　今回玉城ゼミでの調査を通して、刑務所や被収容者に対する認識は大きく変わりました。このテーマにかかわらず、多くの論文や研究で「まずは知ることが重要である」と謳われることがあります。とくに今回のテーマを取り巻く情報は流布しているものとはいえません。北海道大学の1、2年生219人を対象としたアンケートでは、

・食事は受刑者自身が作っている（半数の人が「外部業者」と回答）

・再入率は近年50〜69％（約40％の人々が「30〜49％」と回答）
・窃盗罪の5年以内再入率は近年60〜79％（「20〜39％」「40〜59％」
とそれぞれ3割が回答）

とあるように、複数の設問に関して実態と回答者の認識がずれていました。なかなか知る機会のない内容ですが、刑務所や出所者に対する理解を大きく深める内容であることから、"知る"という行為が大きな前進を生むということを学びました。また、感情にのみ縛られてはいけないということも心に留めておくべきです。『犯罪者にのみ帰責性がある』という考え方は彼らを拒絶し、社会に復帰することを難しくさせてしまいます。もちろん犯罪者自身も内省し、適正な法の裁きを受けるべきではありますが、そこに個人的な感情を入り交ぜてしまうのは、背景にある根本的かつ複雑な課題を隠してしまうことにつながりかねません。再犯を生まない社会に近づくためには、直接的な対策の上にこれら2つのことを意識せねばならないと考えます。

〈参考文献〉
法務省大臣官房秘書課政策評価企画室https://www8.cao.go.jp/youth/kenkyu/mondai/h29/k_2/pdf/s1.pdf
全国就労支援者事業者機構　https://www.siensha-kiko.net/

## 考えるきっかけをつくる教育を

岩瀬龍之介（工学部1年）

　私たちは冒頭のゼミで札幌刑務所を視察させていただきました。札幌刑務所は、「被収容者を厳しく管理する」というイメージとは異なり、自由が剥奪されるという点以外では快適に思える環境でした。そんな刑務所では現在、再入率が問題となっています。そこで私たちは再入率、より大きくみて再犯率を低下させるためには何が必要かを考えることにしました。これを考えるうえで、非行や犯罪をした人たちを積極的に雇用する協力雇用主に注目しました。再犯をした人たちの内訳をみると、無職者が有職者に比べ3倍ほど多く、すなわち職がないということが再犯の大きな要因になり得ます。このため出所者に職を与え、彼らの孤立性や反社会性を和らげる協力雇用主の存在は再犯抑止に大きな効果を持っています。しかし、現状では協力雇用主をサポートする制度はまだ

まだ未熟です。この制度の問題点を解決することが大事であるのは間違いありませんが、それには今より多くの人が再犯率やこの制度の現状について知る必要があるでしょう。よって、まず先に言わなくてはいけないと思うのは、人々に先述のことについて知り、考えるきっかけを作る教育を行なうことです。

　次に、私がこの一年あまり、北大で勉強していて玉城ゼミでしか得られなかったと感じる4つのことについて述べていきます。

　1つは、本物に触れることです。私はゼミの中で札幌刑務所を訪れたり、北海道で活躍される大学外部の方々にお会いしたりすることは、今まで教科書や本など人伝に聞いたことを学んでいた自分にとって大変貴重な経験であり、また自分がまったく関知してこなかった分野について興味を持ち、考えを巡らす良い機会となりました。

　2つめは、教科書にない学びです。既に問いに対する答えが用意されている教科書での学びとは異なり、ゼミではまず自分たちで社会が抱える問題を発見するところから始めました。私はこれを通して、社会の現状を分析し、課題を発見する力を大いに身につけることができたと思います。

　3つめは、論理的な思考力です。私たちは発表会に向けて根拠を明示し、きちんと筋道を立てて社会問題の解決策を提案することが求められました。筋道の破綻を互いに指摘しあったことで、論理的な思考力を大きく向上させることができたと思います。

　最後は、人との関わりです。玉城ゼミでは、玉城教授はもちろんのこと、厚くサポートして頂いたTA（Teaching Assistant、教育助手）の藤谷さんや北洋建設株式会社の小澤輝真・代表取締役に、たいへんお世話になりました。とくに、社会の抱える問題の解決に第一線で取り組まれている小澤さんとはメールをやりとりさせていただき、現行制度が抱える問題について貴重なご意見をいただきました。また、あまり学生同士での交流がない普段の授業とくらべ、玉城ゼミでは所属する学部も考えも異なるメンバーが一つのことに向かって切磋琢磨し、かけがえのない時間をおくることができました。

## 待ったなしの課題

大巻真幸（歯学部1年）

　義務教育や高校でのこれまで学びのなかで、私たちは社会の維持に必要不可欠な機関について、折に触れて学んできました。警察本部・消防局・裁判所の見学、放送局や病院へのインターンシップを通して、公共性の高い職場で働く人々が、社会の中でどのような役割を果たしているのか、実際に自分の目で見て、その役割の重要性を理解してきました。しかし私は、刑務所という「私たちの社会の外に位置する施設」のことをまったく知らないことに気づきました。私がフェローゼミとして「玉城ゼミ」を選んだ理由はここにあります。

　2カ月間にわたるフェローゼミを通して、私の刑務所や罪を犯した人々の更生に対する考え方は驚くほど大きく変化しました。刑務所は決して「私たちの社会の外に位置する施設」などであってはならず、その考え方自体が誤りであることにまず気づかされました。しかし、ゼミを選択した当時の私のように、多くの人が刑務所は自分たちとは無縁の施設で、社会と隔絶され、罪を犯した恐ろしい人たちが収容されている場所だと認識してしまっている現状があります。出所者が再び犯罪に手を染めてしまう理由として、私たちは更生にかかわるさまざまな立場の方の話を聞いたうえで、出所後の職や居場所のなさが大きな原因であると考えました。出所者の雇用を行なう取り組みである協力雇用主制度に賛同する企業は増えてきてはいますが、社会が出所者に対して一律に貼り付ける「元犯罪者」というレッテルがこの取り組みのさらなる普及を妨げています。出所者の中には、さまざまな不幸な背景を持ち、犯罪に手を染めざるをえない状況に追い込まれて罪を犯してしまった者がいることを、私たちは理解しなければなりません。もちろん、犯罪はどのような理由があったとしても正当化することはできません。しかし、私たちは再犯という負のサイクルから自力では抜け出せなくなっている人々に、「理解」というかたちで手を差し伸べることで、企業による出所者の雇用を後押しでき、犯罪の少ない社会を目指すことができるのではないでしょうか。また、刑務所においても高齢化に起因する問題は深刻

で、出所後に労働することが難しい人々も増えつつあります。玉城ゼミでは、このような人々に対する福祉・介護施設の整備も「待ったなし」の課題だと考え、提言の一つとしました。ただでさえお年寄りのための通称「サ高住」の不足が問題となっている今日、この提言に対する世論の風当たりは強いものとなるかもしれません。しかし、刑務所の現状、再犯が起きてしまう理由を学ぶ機会を学校教育に盛り込み、国民の意識を変えていくことができると、私たちは結論づけました。たった2カ月間ではありましたが、刑務所の現状や再犯防止の取り組みについて学んできた私たちが意識を大きく変えることができたのですから。

　刑務所の現状と、再犯防止へ向けた取り組みについて玉城ゼミのメンバーと考えるなかで、同時に私は今後に活かしていきたいと思える多くのことも学びました。刑務所内の改革を考えようとした際、私たちゼミ生は「現状から何を削り、何を加えようか」を現行の予算内でやりくりしようとした結果、選択肢が狭くなり、大胆な考え方をすることができなくなってしまいました。そんなとき、玉城ゼミのTAである藤谷さんが言っていたことが非常に印象的でした。「私たち市民は現状に縛られず多くのアイデアを打ち出し、それを議論して成熟させていくことが大切。予算を捻出するのは行政の仕事であって、そこに気を取られて考えが狭まってしまっては本末転倒だ」……。この言葉のあと、私たちの議論は一気に活発さを増しました。皆が海外で実際に行なわれている再犯防止の取り組みや、国内の自治体での先進的な取り組みを自主的に調べてきて、どうにか改革案に盛り込もうと次々に鋭い提案をするようになったのです。提案に対する皆の反応も非常にポジティブなもので、できるだけ多くの提案を積極的に取り入れていこうという姿勢になりました。このような議論や考え方の姿勢は、私たちが今後さまざまな課題について考えていくなかで、とても大切なものだと思います。また、社会にはさまざまな背景をもった人々がいるということ、それぞれの立場に立って考えることの大切さも、本ゼミでの活動を通して再認識することができました。人は、自分とは違うものを奇異の目で見たり、距離を取ろうとしたりしてしまうことが多々あります。しかし、いつの間にか掛けてしまっていた色眼鏡を意識的に外し、私たち一人ひとりが社会の抱えるさまざまな課題から目を逸らさないことこそが、誰もが取り残され

ない持続的な社会の実現につながるのではないでしょうか。

　玉城ゼミでは文系・理系のさまざまな学部に所属する14人のメンバーで議論を深めてきました。それぞれの興味や関心はまったく違い、初めにゼミとして考えるテーマを決めた際には、「俺は再犯防止にはまったく興味ない」と言い切ってしまう強者もいたほどです。個性豊かな面々が集まり、一人一人がポジティブに活動に参加したからこそ、非常に充実したゼミにすることができたのだと思います。2カ月間という短い期間ではありましたが、非常に濃く、楽しい時間を過ごすことができました。

## 刑務所はパブリックヘルスの縮図

金田侑大（医学部医学科1年）

　私たちのグループは、このフェローゼミを通して、「再犯防止」を1つの大きなテーマとして掲げて学習を深めてきました。しかし、ゼミが始まった当初の僕はというと、正直、「再犯」というテーマに微塵も興味がありませんでした。「何度も罪を犯すなんて、よほど、性根の腐った人間でなければできない所業ではないか。どうしてこんな、自分に関係のない人間のことをテーマにしなければならないのか」と、ふて腐れていました。実際、北洋建設の小澤社長や更生保護施設の佐々木さんの話を聞けば聞くほど、「ほら見たことか、やっぱり犯罪者はロクでもない人間だらけじゃないか。関わるだけムダムダ！」と、真剣に話を聞くほかのメンバーを冷めた目で見ていました。それほど犯罪者や刑務所というものは僕にとって遠い存在で、「関わりを持つこともないだろう。できることなら関わりたくないな」と感じるものでした。同じ日本で生まれ、同じような教育を受け、同じように育ってきたのにもかかわらず、どうしてここまで生き方や考え方に差が出るのだろうか、と疑問に感じる程度でした。

　そもそも私は、「先天的な格差をなくしたい」という思いを持って北海道大学の医学部の門を叩きました。目の前にチャンスがあるにもかかわらず、手を伸ばさない人のことなどに関心がありませんが、チャンスをつかむための機会や方法を知らないような、たとえば、文字が書けな

い、勉強ができないといった問題を抱えている貧困国の子供たちのために将来は活動したいと思っていました。日本では、病気やケガを治療すれば、ある程度元どおりに活躍できる社会が整っていますが、病気だけでなく、社会を診なければならない環境は世界中にまだまだたくさんあるという現状を鑑み、将来はこのような分野を専門に考える「パブリックヘルス」の道に進もうと思っています。このゼミを選んだのも、フェローの玉城先生の専門分野が「パブリックヘルス」だからというのが最も大きな理由で、正直、刑務所や犯罪といったものにそれほど興味はありませんでした。しかし、ある日のゼミで、帯広刑務所医務課長の紺野さんが、「刑務所は公衆衛生（パブリックヘルス）の縮図だ」と述べられました。この言葉で、一気にモチベーションが上がったのです。単純なんです、男の子だもの……。

　しかしながら、最初はその言葉の真意がわかりませんでした。刑務所とパブリックヘルスがいったいどうしたら結びつくのだろう……。考えても考えてもわかりません。そうとなれば勉強です。仮にも医学部の学生、勉強（だけ）は得意です。ひとまず、知識がなければ話にならないので、とにかく図書館に置いてある本を片っ端から読んでいきました。しばらくすると、自分がこれまで生きてきた人生からは想像もしませんでしたが、どうやら「再犯せざるを得ない状況にまで追い込まれている人間」が、この日本にはいるらしい、ということに気がつきました。衝撃でした。同じ日本だからといって、自分がこれまで生きてきた世界を基準にすること自体が間違いだったのです。日本の中にも、確実に偏見や格差は存在し、また、自分自身もその偏見を持っているうちの一人だったのです。更生の意思がないもののためにわざわざ動こうとは思いませんが、何とか自分の人生を取り戻そうと必死な出所者のために、何か、手を差し伸べることはできないだろうかと感じたのです。

　残念ながら、再犯をしてしまう理由は人によってさまざまで、万人向けの、魔法のような再犯防止プランというものはありません。今回の再犯防止というテーマでは、「職の有無」が、再犯防止を考える上で1つの大きな要因と捉え、再犯防止のための労働と福祉の現状や課題を考え、その解決策をメンバーとともに探っていきました。偶然か必然かわかりませんが、このとき、協力雇用主制度や更生保護施設など、これま

でゼミの中で聞いてきたすべての話がつながり、私たちの発表を非常に内容の詰まったものにすることができたのです。

　今回のゼミを通して、「自分とは関係が無い」と、初めは割り切っていた「再犯防止」というものが、少し、身近なものになったと感じます。なぜなら、再犯防止を考えることは、犯罪者だけのためではなく、誰もが安心・安全に暮らせる社会の実現のため、つまり、私たち自身のためでもあると気がついたからです。また、何よりも心に残ったのは、「矛盾を感じても、自分の責務や使命を全うする」ことの重要性です。話を聞いたすべての人々が、何らかの課題や矛盾を心に抱いていました。北洋建設の小澤社長は「雇っても1割しか出所者が残らない」と頭を抱え、帯広刑務所の紺野さんは「医療費が無料なのはおかしいのではないか」と、モヤモヤしている気持ちを赤裸々に語ってくれました。それでも彼らは自分の信念を貫き、自分が正しいと思うことを全うしていました。これから先、自分のしていることに矛盾や疑問を抱いたとしても、それでも自分のミッションを貫き、前に進み続けていこうと思いました。

## 自分が犯した罪を公にすべき

後藤田帆夏（教育学部1年）

　このゼミを通して、刑務所視察、更生保護施設や協力雇用主の方の話を聞くなど、貴重な経験をたくさん得ました。刑務所視察では、予想していた以上に設備が整えられており、受刑者のプライバシーが守られていることや、処遇の取り組み方によって制限が緩和されることなどを知り、刑務所もできるだけ受刑者が快適に過ごせるように努めていると感じました。また、出所後の受刑者の支援にかかわっている人の話を聞き、自分自身の刑務所や受刑者に対する理解が欠如していることを知りました。最終的には、このゼミのテーマである「再犯防止」に関して、受刑者側の視点、一般市民側の視点、支援をする側の視点などたくさんの観点から考えさせられました。

　その中でもとくに印象に残っているのは、「協力雇用主」の取り組みです。協力雇用主は、就労支援を行なうことで、元受刑者の自立を助

け、再犯防止への支援を行なっていますが、助成金が少ないことや活動範囲に制限があることなど、支援をする上での課題はゼミの中で協力雇用主の一人である「北洋建設」の小澤社長の話を伺いました。話を伺うまでは、なぜ、受刑者にそれほど手厚く支援を行なうのか疑問でした。また、小澤社長は難病を抱え、余命も限られていることを知り、自分のためではなく元受刑者のために残りの時間を費やすのはなぜなのかと、疑問は募るばかりでした。が、講演の中で、再犯に至る要因として、出所後の身寄りがないことや職がないことが挙げられるということを聞き、協力雇用主の元受刑者を支援しようとする活動が再犯防止に強くつながっていることを知りました。また小澤社長は、罪を犯したことを本当に反省している人は「ふつうの人よりもよく働く」といわれ、受刑者が出所後反省をし、成長する姿を見ることが社長自身の生きがいになっているように感じました。

　小澤社長の話の中で衝撃を受けた考えが2つありました。まず1つ目は、私たちのような刑務所の外にいる人間は受刑者のことを否定的に見ているが、犯罪や再犯に陥る原因は私たちが生きている社会が作っているという考えです。出所することはできても、仕事や行き場がなく、食べ物を買うお金がないために窃盗を犯してしまう人など、国の貧しい人や出所後の受刑者への支援が不十分であるため、犯罪が起き、再犯を防ぐことができていない現状があります。また、なぜ罪を犯したかに耳を傾けず、過去に受刑したことがあると聞いただけで仕事の採用をやめてしまうなど、社会に生きる人々の受刑者への理解の欠如が受刑者を否定的に見る傾向を招いています。小澤社長は、「このような社会の風潮が、出所後の受刑者に生きにくい環境を与えている」といっていました。

　私は、はじめは受刑者と聞くと、否定的なイメージしか持つことができなかったので、この話を聞き、私自身も受刑者への理解が不十分であり、彼らに生きづらさを感じさせている原因の一人だと知りました。罪を犯すことはけっして許されることではありませんが、「受刑者」と聞くだけで偏見を抱くのではなく、犯罪に至った動機を聞き、受刑者を理解しようとする気持ちが大切だと感じました。

　2つ目は、受刑者は、自分が犯した罪を公にするべきだという考えです。私は、出所後、社会に出たら、自分のイメージを下げないように受

刑したことは隠しておくべきだと考えていましたが、正直に自分が犯した罪をいうことが反省につながると聞き、「確かにそうだ」と感じました。社会に出ても罪を隠し続けることは、自分に対してウソをつき続けることになります。罪を犯す際も、悪いことだとわかってやってしまう、つまり、自分にウソをついてやってしまうため、自分にウソをつき続けることは、再犯に至る原因だと考えられます。現在の日本では、自分が犯した罪を口に出して言える場が少ないため、もっと受刑者が過去に何をしたのかを言える環境があればいいと思います。そのような環境を作るためには、やはり一人一人の受刑者に対する考えを変えていく必要があると考えます。

　私がゼミを通して痛感したことは、刑務所は罪を犯した人を収容する場所であり、受刑者は社会の規範に従うことができなかった人々というような、私たちの先入観や否定的な見方が受刑者を生きづらくさせ、結果的に再犯率が上がるような社会を作っているということです。先入観をなくし、よりよい社会にしていくためには、私たちが刑務所視察に行ったり多くの講演を聞いたりしたように、自分で現状を知り、自分で考えを深めていく必要があると感じました。そして、課題が見つかれば、小澤社長が協力雇用主の活動を世の中にもっと広めてほしいと願うように、自分だけで解決しようとせず、周囲に協力を求め、よりよい解決策を見つけるべきではないでしょうか。

　最後になりますが、私はこのゼミをとらなければ、刑務所の実情も自分の受刑者に対する理解が欠如しているということも知ることができなかったので、ゼミを通して日常生活で触れることのない刑務所について学ぶことができて、本当によかったと思います。ほかにもまだたくさん知らないことはあると思いますが、今回経験したことや感じたことをより多くの人に伝えることで、人々の刑務所や受刑者への考えが少しでも変わればいいなと感じました。

## 根底に国民の理解が必要

齋藤未衣花（法学部1年）

　2カ月間の「玉城フェローゼミ」での活動を通じ、私たちは札幌刑務所の視察をはじめとして、更生保護施設札幌大化院施設長の佐々木さんのお話や、帯広刑務所医務課長の紺野さんのお話を聞くなど、多くの貴重な体験をすることができました。また、ゼミのメンバーとのディスカッションを通じ、「再犯防止」という大きなテーマについて、その現状と現在の体制を変えるために今後どのようなことをしていけばよいか、ということを考えることもできました。この2カ月間の活動を振り返り、被収容者たちの社会復帰を中心としながら、学んだこと、考えたことについて述べようと思います。

　玉城ゼミでの最初の活動は札幌刑務所の視察でした。刑務所視察は私がゼミを選ぶ決め手となった要素の一つでした。札幌刑務所の視察に行く前、私が刑務所に対して持っていたイメージは「冷たく、閉鎖的」というものでした。これは、今までに見たことがある映画やドラマ、漫画などのイメージによるところが大きいと思われます。しかし、実際の刑務所はビジネスホテルのような内装で、食事や部屋についても、十分に整えられているように感じました。「社会に戻ることが前提であるから、できるだけ日常生活も普通に近いものにしているのだ」と刑務官の方が話していました。ここから、私は刑罰の実際について考え直しました。

　日本の刑罰の中心は「自由刑」です。自由刑とは、「受刑者を拘禁してその自由を剥奪することを内容とする刑罰」を指します。つまり、刑務所に拘禁されることそのものが刑罰のすべてなのです。私自身、刑罰は自由を制限した上に、人としての名誉までも傷つけるという先入観にとらわれていた部分があったため、考え方が変わるきっかけとなりました。

　このように、刑務所が一般社会に開かれていることは、国民の理解を増進するきっかけとなると私は考えます。もっと多くの人に刑務所の実際を知ってもらいたいと思う一方で、被収容者たちが見世物のように消費されてしまうという問題も残ります。これは日本の閉鎖的な刑罰制度

132

ともつながる問題であろうから、国民理解を増進するための方策を考える必要があると思いました。

　日本の制度の下では、被収容者が刑務所出所後に社会になじんでいくための機関として「更生保護施設」というものが設けられています。私たちがお話を聞いた佐々木さんの勤める「札幌大化院」（更生保護法人）は、法務省からの委託金を得て運営されています。しかし、更生保護施設の雇用状況や財政状況は厳しい状態にあるようでした。また、被収容者たちは受刑後に社会に復帰しなければならないのに、就労支援の幅は狭く、社会で生活するために必要な職を得にくい状況にあることも分かりました。

　「就業支援」に関しては、北洋建設など、元被収容者を精力的に雇用しようとする「協力雇用主」と呼ばれる民間の事業主や企業もありますが、全国におよそ2万存在する協力雇用主のうち、実際に元被収容者を雇用している事業主は800社ほどにしかすぎません。また、協力雇用主の業種はほとんど建設業に限定されており、選択肢は限られています。これらに加え、元被収容者の面倒を見るための費用が国からの予算では賄いきれず足りないことや、すべての元被収容者が働き続けようとするわけではないことなど、多くの問題について知ることができました。

　被収容者たちは、前科があるというだけで働きにくいはずなのに、社会復帰のための支援が国から十分にされていないことを実感しました。受刑者たちは、刑期を全うした後には一般の人々と同じように社会で生活していくことを望んでいるのではないでしょうか。もちろん多くの障害が存在するとは思いますが、国や国民はもっと寛容に元被収容者を受け入れる姿勢を取ることが必要ではないでしょうか。そのため、もっと多くの更生保護施設が国営になっていくことや、協力雇用主への補助が十分になされること、協力雇用主の数が増え、社会復帰の一歩としての就職の選択肢が増えていくことが望ましいと考えます。

　上記に挙げた方策を実現する根底に必要なものは国民の理解でしょうが、これはかなり難しい問題であるとも思います。もし自分が、「この人は前科を持っているけれど刑期を全うしているので普通に働いています。仲良くしてあげてください」といわれて元被収容者を紹介されたとして、普通に接することができるかというと、正直自信がありません。

私には2カ月のゼミ活動を通じて被収容者や被収容者を支えている人たちについての知識がありますが、まったく知識のない人たちはどうでしょうか。「被収容者とは関わりたくない」というのが率直な感想だと思います。

この状況を大きく改善することはできないかもしれませんが、学校教育を通じて刑務所や被収容者、更生保護の制度について知ることが必要ではないでしょうか。また、被収容者が社会に出ていても不自然でない状況をつくり出す努力を、国にもしてほしいと思います。協力雇用主への支援や制度そのものを国民に周知させることなど、できることは多岐にわたります。皆にとって良い社会をつくることができればよいと思います。

## 出所者の「もう一つの居場所」

佐藤日菜子（総合文系1年）

玉城ゼミでは札幌刑務所での視察に加え、出所者支援に携わるさまざまな関係者の話を聞くことで、日本の刑務所や犯罪についての知識を深めてきました。それを踏まえて、再犯の背景にあるものは何かを考え、その解決策を模索し、われわれなりの結論に至りました。本稿では、このようなゼミの過程の中で、私の何が変化し、その結果何を身に付けたのかを記そうと思います。そのためにまず、札幌刑務所視察が私の考え方にどのような影響をもたらしたのかを述べます。次に、出所者支援者の講話とゼミでの議論から得られたことについて説明します。最後に、ゼミを通して感じた、問題を解決することの難しさについて考察します。

前年度のゼミ生の感想と重なりますが、札幌刑務所見学では、いままで染みついていた刑務所に対する認識が覆されました。見学前は「刑務所＝監獄」というイメージで、刑務所は冷たい場所と認識していたのですが、実際の刑務所は温かい場所でした。刑務所は受刑者を一律に拘束するのではなく、個々人の事情に配慮するなど、彼らをきちんと人間として扱っているのを実感し、刑務所に対する新しいイメージを持つようになったのです。

2カ月前、私がいかに犯罪、とくに再犯に無知であったのかを思い知らされました。それは、ゼミがなければおそらく知らなかった単語にたくさん出会ったからです。たとえば、「再犯」「更生保護施設」「矯正医療」「協力雇用主制度」といったものです。「再犯」という単語は、かろうじて知っていたものの、認識が薄かった言葉の代表例で、入所者の多くは再犯者であることは重要な事実であるにもかかわらず、まったく知りませんでした。また、私も含めたゼミ生の多くが、玉城ゼミへの所属を希望した理由として、「刑務所を訪問する機会は滅多にないから」といったことを挙げていました。

　このことからも、今回のゼミのような機会がなければ、犯罪に対する意識は希薄になってしまうことを実感しました。そして、このようなわれわれの「無知」が再犯を生み出しているのだと思うようになりました。そのきっかけは、協力雇用主である「北洋建設」の小澤輝真社長の講演でした。小澤社長によると、受刑者が服役歴を隠さないことが重要なようです。これは、隠していては彼らが罪を反省することにつながらないからだそうです。しかし、日本の社会では「元受刑者は服役歴を隠さざるを得ない」とも小澤社長は指摘していました。ここで、受刑者が服役歴を隠すのは、先に述べたような、受刑者に対するわれわれの理解、あるいは彼らを受け入れようとする姿勢の乏しさが原因なのではないかという考えに至りました。すなわち、元受刑者の反省を妨げ、再犯に走らせている原因は、「じつは社会の側の無理解にもある」と強く感じるようになったのです。私は以前、「犯罪は悪なのだから、目をつむっていい」という認識を何となく持っていましたが、そうではなく、犯罪は悪であるからこそ目を向けなければならないと考えるようになりました。

　「更生保護施設」の佐々木孝一施設長の講演に、明治期に静岡で更生保護施設の源流をつくった金原明善の話がありました。彼は「（元受刑者が）いくら更生したとしても、住む場所と家族が保障されていなければ社会で生きていけない」と言ったそうです。またゼミの議論でも、再犯が行なわれる理由を、受刑者が社会に出ても「居場所がない」ことにあると考えたのですが、この「居場所がない」には二つの意味があると思います。一つは職を得られないこと、もう一つは身寄りがないことで

す。そして、日本の出所者支援は主に就労支援であり、出所者の「もう一つの居場所」、つまりコミュニティには焦点が当てられていないことに気づきました。これを踏まえ、再犯の解決策として出所者が確実に社会復帰するためのコミュニティづくりを提案しました。

　私は、人間に必要なものは「衣食住」だけだと考えていました。そのため「職」という衣食住を保障するものさえあれば、受刑者は社会復帰できると思っていたのです。しかし上記のようなゼミの流れを通して、出所者には衣食住に加え、「人間関係」が不可欠であることがわかりました。そして、このように刑務所、ひいては再犯の現状を知ることは、人間が生きていくための最低条件を知ることだと思いました。

　小澤社長の講演に、「みなさん一人一人が私のした話をまわりの人に話してくれれば世界は変わる」というメッセージがありました。これについて、小澤社長の話をはじめ、ゼミで学んだ内容を周囲に伝えたゼミ生は、自分を含めて「どれほどいるだろうか」と考え、反省させられました。個々人が少し行動するだけで大きな変化をもたらすことができるのに、これがなかなか実践されません。これはよく言われますが、環境問題でも同じようです。ちょっとしたゴミの分別、エアコンの温度設定の変更、消灯などで大きく改善されるのに、あまり普及せず、結果として改善しないのです。

「一人の小さな努力」とは、低そうで高いハードルです。犯罪の現状の周知にとどまらず、どのような課題解決においても、根本にはこのような問題があるのではないかと感じました。

　このゼミで学んだ内容は、社会のすべての人が知っていなければならないと思われます。もちろん自分たちが学んだ犯罪の実態以外にも、知らなければならないのに知らない問題はたくさんあるはずです。そのため、これからもこのゼミを出発点として、今回のような新渡戸カレッジ以外にも、さまざまな活動に貪欲に取り組み、私の知見を深めていきたいです。

## 欠かせぬ出所後のサポート

関根かれん（医学部医学科1年）

　私が今回フェローゼミを受講し終えて感じたのは、犯罪者の更生について、人々の関心の向かう方向が間違っているのではないかということです。

　犯罪者の更生について、人々は刑務所に関心を持ちがちです。よく耳にするのは、刑務所に国民の税金が使われすぎているのではないか、ということです。刑務所にいる受刑者は住むところが確保されていますし、食事も三食提供されるので困りません。さらに刑務所には「矯正医療」といって、医療を無料で受けられる制度もあります。私もゼミの始まった当初、刑務所に私たち国民の税金がたくさん使われていることに疑問を感じていました。

　さらにここで、以下の調査結果を示します。私たちのゼミが本学の1、2年生219人を対象にアンケート調査を行なったところ、刑務所に求められている目的は「犯罪者を更生させること」が51.7％と最も高かったのです。

　以上の2つのことから、人々は犯罪者を更生させるための主な制度として刑務所に大きな関心を寄せていて、またその制度の問題点まで意識していることがわかります。ですが、私は刑務所だけでは犯罪者の更生には不十分だと思います。更生のためには、刑務所出所後のサポートこそが欠かせないと思うのです。

　では、「出所後サポート」とはどのようなことでしょうか。現状では、サポートとして協力雇用主制度と更生保護施設が挙げられます。それらの説明と私の考えを以下に記します。

　協力雇用主は、犯罪・非行の前歴のために定職に就くことが容易でない刑務所出所者などを、その事情を理解したうえで雇用し、改善更生に協力する民間の事業主です[1]。協力雇用主制度によって、出所者は仕事と住む場所を得ることができます。人のために働くことのやりがいを感じることができ、一定の収入もあるので、犯罪に再び手を染めることは少なくなるでしょう。

犯罪をした人や非行のある少年の中には、頼ることのできる人がいなかったり、生活環境に恵まれなかったり、あるいは、本人に社会生活上の問題があるなどの理由で、すぐに自立更生ができない人がいます。更生保護施設は、こうした人たちを一定の期間保護して、その円滑な社会復帰を助け、再犯を防止するという重要な役割を担っています[2]。

　更生保護施設に入ることで、出所者は1つのコミュニティに属することになります。そうすると、社会で孤立することがなく、いざという時に頼れる人がいるので、再犯をしようと思うことは減ると思います。このように、犯罪者の更生に役立つ制度はありますが、抱える課題は多いです。

　現在協力雇用主は全国で20,704社ありますが、実際に雇用しているのはそのうちのわずかな数のみです。その原因は助成金の少なさにあると考えます。たとえば、北海道の北洋建設の社長・小澤輝真さんは協力雇用主として積極的に活動されています。出所者を雇用するにあたってかかるお金は1カ月約20万円ですが、国からの補助は8万円と非常に少ないです。小澤社長は賄いきれない部分については自費でやりくりしています。

　一方、更生保護施設についても、カバーできていないところがあると、私は感じました。更生保護施設は出所者に生活場所と食事を提供しますが、日中は外に出てハローワークなどで仕事を探すよう指導します。また施設にいられる期間も決まっていて、期限を過ぎると施設を出なければいけません。更生保護施設は働くことのできる出所者にとってはよいと思いますが、介護などを必要とする高齢者や障がい者にまではサポートが行き届いていないと思います。

　上記、協力雇用主制度、更生保護施設にみられる問題点は、どちらも人々の関心が向いていないことが原因だと考えます。協力雇用主の資金繰りの厳しさに目が向けば、助成金をもっと増やそう、となるはずです。また更生保護施設についても、高齢者や障がい者を対象とした施設をつくろう、となるはずです。

　犯罪者の更生は、刑務所にいる間と出所後のサポート、この両方があってやっと達成されるものだと思います。ですが、上で述べたように、現在人々は刑務所のことにしか関心を持っていません。人々はもっ

と刑務所出所後のサポートについて関心をもち、その問題点を知るべきだと私は思います。そうすれば、現在50%を超えている再犯率を低下させることができ、日本はより安全で住みやすい国になると考えます。

1) 法務省：更生保護を支える人々　http://www.moj.go.jp/hogo1/soumu/hogo_hogo04.html　より引用
2) 法務省：更生保護施設とは　http://www.moj.go.jp/hogo1/kouseihogo-shinkou/hogo_hogo10-01.html　より引用）

## 「更生」は「更正」ではない

竹上千里（文学部1年）

　本文では、2カ月間フェローゼミで学んだ事柄をまとめます。まず、このゼミで私が惹かれた玉城フェローから学んだことを、次に、特別講師の方々から学んだことを述べます。最後に、学びを通して生成された現在の私の心持ちを述べてまとめとします。

　玉城フェローは、企業の社長をはじめとする「成功者」の「語り」ではなく、弱い立場に置かれている人たちの声を聴いてほしいという思いで、このゼミを用意してくださいました。また、ゼミ全体を通して、フェローが「こうした表現は自分は好きではない」と伝える場面がとくに印象的でした。感性と、表現に対する誠実さ、そして、伝え方の不思議なまでのほがらかさが、きわめて好印象でした。異論のはずの発言が、場を和やかにしてしまう。こうした様子を見ていて、私も、心の中に生じた違和感に気軽にふたをしてしまわないよう心がけたいと感じました。

　初回のゼミで、帯広刑務所の医務課長・紺野圭太さんの話をお聞きしました。ここで、刑務所では医療が驚くほどに充実している、ということを初めて知ることになりました。受刑者があまりにも恵まれている、という批判の種は、「ただで三食食べられる」ことばかりではないと知りました。ここから、刑務所での受刑者への待遇をめぐる、意見が二極に分かれる議論に参加していきました。

　札幌刑務所を見学する機会をいただき、そこで職員の方々の話をお聞きしました。出所者が再犯で戻ってきてしまったとき、「私は何をしていたのだろうと感じる」と言っていました。くり返される再犯にあきれ

ることに慣れ、任務を淡々とこなしているのではありませんでした。このことを私は「すごい」と感じました。同時に、慣れてしまわずそのような心持ちであり続けるのは、非常に苦しいことだと想像されます。世間と、罪を犯してしまった人の板挟みになっていることもあり、職員の方が、いかにつらい立場に置かれているかを思い知りました。

　2回目のゼミで、更生保護施設である札幌大化院の施設長・佐々木孝一さんの講演をお聞きしました。ここで、更生保護の「更生」は「更正」ではないことに初めて気がつきました。更生とはすなわち、「甦」ってほしいということ。元受刑者の、罪を犯してしまう前の姿までを巻き込んで否定してしまうことのない視点がここにはありました。

　3回目のゼミで、元受刑者を積極的に雇用する北洋建設の社長・小澤輝真さんの話をお聞きしました。罪を犯さざるを得ない理不尽な状況に追い詰められた末に、罪を犯してしまった人々についての実際のお話を聞いて、ハッとしました。たとえば、無給労働の末、窃盗をしてしまった方がいます。小澤さんの「悪くないですよね！」という言葉に、強く同意しました。そうした事情を知らず、「犯罪者はどうしようもないね」といい捨ててしまうのは、残酷なことと私は考えます。

　少なからぬ人が、罪を犯した人を“ひとくくり”にするクセをもっています。そして、一度でも罪を犯した人は「ぜひとも社会から排除したい」と切に願っているように思われます。犯罪者は自分とはまったく共通点のない異質な人間だとみなす、こうした意識は、非常に不安定なものと思います。社会から排除するということは、元受刑者を刑務所に追いやる、すなわち、再犯への後押しをすることともいえます。社会とは、自分のために用意された、自分さえ幸せならそれでよい、というステージなどではないはずです。

　私は、罪を犯してしまった人と自分を切り離すのではなく、両者の間に間接的な“つながり”を見いだすべきだと考えます。私は、「事情が違えば自分も同じことをしていたのかもしれないのだ」と意識的に想像することで、たびたびやってくる危険な意識から抜けていきたいです。

　罪を犯してしまった人々をめぐる議論でも、「社会問題」という言葉が使われます。しかし、「問題」として存在しているわけではないのではないかと私は感じます。問題という表現はさまざまなところで気軽に

使われるものですが、私はこの言葉は慎重に使いたいと考えています。問題ではなく、苦しみ、悩む人々の姿がさまざまにあるのだと私はとらえます。

　この2カ月間、刑務所に関するさまざまなことを学び、経験しましたが、まだ知らないことのほうがはるかに多く、一人前に意見するにはあまりにも未熟です。しかし、日常世界のアンテナがまた一つ増えました。このことをうれしく思います。これから、テレビで「刑務所」と一言耳にすれば、チャンネルを替える手を止めるでしょうし、書店で本の背表紙に「刑務所」の文字を見つければ、ふと足を止めるでしょう。未知であったはずの事柄が、知らないうちに自分にとっての常識となっている。そのように、未知が自分の一部となっていく過程が非常に面白いです。そうして、気づくと、さもはじめから知っていたかのように振る舞い出しています。まだ、未知であったときのことを振り返ると、非常に面白いのです。

## 自分の世界が拡張した

田中咲穂（文学部1年）

　このゼミを通していちばん変わったことは、刑務所という存在が身近になったことで、自分の世界が広がったことです。

　そもそもなぜこのゼミを選んだかというと、「刑務官になりたい」と言っていた知人のことを理解したいと考えたからです。これまで刑務所は、私にとって社会から排除された者が収容される施設という認識であったため、知人がなぜ自ら進んで刑務官という職業を希望しているのかまったく理解できず、止めたほうがよいと思っていました。しかし、その出来事によって、実際に刑務所とはどのような所なのだろうかという興味も同時に湧き、偶然にも刑務所訪問が含まれているこのゼミに迷わず決めました。

　実際に札幌刑務所を訪れると、これまでのイメージは間違っていたことがわかりました。人通りの多い町中に位置するきれいな建物であり、医療設備も整っていました。しかし1日の行動はすべて決められており、居住空間も自分が暮らすとなったら狭いと感じるものでした。ま

た、再犯率が上がっていることや、受刑者の高齢化が進んでいることなど、刑務所が現在抱えている課題についても教えていただきました。

　その後、ゼミでは更生保護施設の職員の方や、出所後の受刑者を積極的に雇用している「北洋建設」の小澤社長のお話などを聞き、少しずつ出所後の現状についての知識を増やしていきました。また、関連文献を読むことで、これまでいかに自分が刑務所について無知であったかを知りました。また網走刑務所を訪れ、昔の受刑者の過酷な環境や、メディアによる刑務所イメージの形成についても学びました。それらの活動の中で印象に残っていることは、殺人のような重い罪を犯した受刑者は少ないということ、また海外の開放的な刑務所の存在でした。

　まず、罪名に関しては、窃盗や覚せい剤が多くを占めており、殺人の割合はわずかであることが、これまで私が抱いてきた「受刑者」イメージと大きく異なっていました。凶悪犯が多いという認識は、件数が少ないわりに大きく報道されることから形成されていたとわかりました。おそらく、このような「受刑者」へのイメージは世間で共有されているでしょう。これによって、実際に受刑者が出所後に社会復帰するときに、就職の際などに受け入れてもらうことが難しい状況をつくり出しています。これまでの自分を含め、このような誤った認識が結果的に出所者を孤立させ、再犯率を上げているということが大きな発見でした。小澤社長のお話を聞いて、この現状をより詳しく知ることができました。

　また、開放的な刑務所については、これまで海外の刑務所について考えたこともなかったので、映画『シカゴ』（2002年公開）のようなアメリカの刑務所をぼんやりと想像していました。しかし実際に調べてみると、ヨーロッパ、その中でも北欧の刑務所での受刑者の自由度に驚きました。そもそもそれらの国では、受刑者も人権が保障されるべき市民の一員であり、いずれ社会に戻ってくるのだから、共生できるようになって帰ってきて欲しい、という考えが共有されているといいます。このような考えのもとで、刑務所をより社会生活に近づける取り組みが行なわれていました。具体的には、1日のうち何時間か自由時間があること、刑務所の外に働きに出ること、食品や雑貨を自分で購入してもらうことなどがありました。

　私たちのゼミでは、刑務所を訪れた際に、想像以上に清潔で、管理栄

養士の考えた食事を食べ、娯楽もあり、無料で医療を受けられることを、はじめは「恵まれすぎている」と考えました。そこでそれらを削り、刑務所を二度と入りたくないような施設にすることで再犯率を下げようという方向で考えました。しかし、TAの藤谷さんに「恵まれすぎているというのは私たちの主観でしかない」という指摘を受け、制度上の不備や、一般社会の認識不足など、別の側面から再犯防止を考えることができました。そのうえで社会復帰の面で先駆的に取り組んでいる北欧諸国の様子を知るなかで、日本の問題点が対比的に浮かび上がってきました。たとえば、社会から隔絶されていることで家族や友人、職場、住居などが失われること、決められた労働によって判断力や責任感、自尊心などが低下することなどです。もう誰も日本の刑務所は恵まれすぎているとはいいませんでした。このように、表面的に見えている様子から主観的に考えたときと、客観的に考えたときとで皆の意見が変わったことは初めてだったので、とても印象に残っています。物事を考える際に重要なことを学んだよい経験だったと思います。

　今回のゼミ活動を通して、私の中で刑務所や受刑者への意識は大きく変化しました。それまでは知識がないことから、メディアのつくった偏ったイメージをもっており、何より自分とはまったく関係のないことだと思い関心をもっていませんでした。しかし現在は、刑務所に関しての話題は興味のあることとして、それらの情報に目が留まるようになりました。つまり、私にとって「関係のあること」が増えたということであり、自分の世界が拡張したのではないかと思います。今なら、「刑務官になりたい」と話していた知人のことを理解できます。

## あったかい社会をつくる

谷内佳苗（法学部1年）

　2カ月前の自分と今の自分を見くらべて、はっきりとした“変化”をいま感じています。刑務所見学に行く前、刑務所は不自由で冷たく厳しい場所であると思っていたのですが、無償で受けられる充実した医療制度、栄養バランスが考えられ種類の豊富な食事、基本的に一人1部屋で、テレビがそれぞれの部屋に備え付けられ、図書の貸し出しもあると

いうような想像以上に自由で整えられた生活環境を見て、私は前回のレポートで刑務所のことを思ったよりも「あったかい場所」であったと表現しました。

　それから約2カ月間、私たちはゼミで刑務所の現状と課題を話し合い、最終的には「再犯防止」をテーマにスライドを作成し、新渡戸カレッジの全体発表会で発表しました。このゼミを通して自分の考えがどう変化していったか記述していこうと思います。

　現地視察後に行ったグループでの話し合いでは「刑務所は医療費が無料であるうえに、おいしい食事も食べることができ、テレビまでついていて居心地が良すぎる」といった意見や「出所して自分の力で生活するよりも刑務所の環境のほうが良いために、再犯を犯して刑務所に戻ってきてしまうのではないか」という意見が多く出ていました。そんななか、更生保護施設の方や「北洋建設」の社長からお話を聞く機会を得ることができました。そこで、出所後の就職がたいへん難しいということ、出所して間もないうちに再び罪を犯してしまう人がとても多いということを知りました。

　私たちは見学者として刑務所を訪れ、第三者の視点から「充実している」とか「居心地が良さそう」という感想を持ったのですが、もし自分が自由のない閉ざされた刑務所の中で何年もの長い間生活し、そして出所して外で自分の力で改めてスタートしようとしても、「元受刑者」であるという理由だけで自分を受け入れてくれる人々がいないという状況になったらどんな気持ちなのだろうか、と想像すると悲しくなりました。

　再犯に至ってしまう理由は、刑務所の環境が充実していることももちろんあるかもしれませんが、それ以上に自分を受け止めてくれる人のいない寂しさやつらさ、自分は何をやってもうまくいかないという自己否定感、もう一度やり直そうとしても制度や世間の無理解に阻まれてしまっている現状にあるのではないかと考えるようになりました。

　その後、ゼミ内での話し合いを通して、刑務所の"あったかさ"は刑務所内外での人と人とのつながりを大切にしてこそ生まれるものだと思うようになりました。たとえば、刑務所内では社会復帰した際の人間関係の円滑化を図るために、刑務所における労働や調理、レクリエーショ

ン、クラブ活動などを通じて受刑者のコミュニケーション力の向上を図り、刑務所外では出所後の自立のために、今より多くの企業に協力してもらい、多様な職種への就職を可能にする就労支援が必要です。さらに私たちの発表で述べたような更生保護施設の改革を進めたり、生活保護や相談窓口など関係する社会資源の積極的活用を促したりすることによって、つらくなったときに話を聞いてくれたり、力を貸してくれたりする人々がいるということを受刑者たちに伝えることも、彼らの孤独感を減らし、自立を支える一助となるでしょう。

さらに、同じく発表で述べたように、刑務所を見たい、知りたいという声は多くあるのに対して、刑務所を見たことがある人はかなり少なく、刑務所についての教育はほぼ行なわれていないに等しいのが現状です。そこで学校教育において、刑務所に対する理解を深める機会を設けたり、実際に刑務所見学の機会を設けることによって、社会の刑務所に対する認識が変わったり、理解が深まったりすることで、受刑者も出所後に外の世界で生活しやすくなるのではないでしょうか。

このように、刑務所内外での人と人との"つながり"が受刑者の社会復帰を助け、再犯を減らすことで、安全な社会の構築へとつながっていくのではないかと考えます。

今回、このゼミを通して、ふだん行くことができない場所へ実際に行くことができ、さまざまな方面で活躍している方々のお話を聞かせていただくことができ、ふだん生活している中では気にしたり考えたりしないことに目を向けて議論する機会を得ることができ、本当に感謝しています。ゼミの初日に玉城先生とお話しした際に、先生がおっしゃった「これからリーダーとして活躍していく君たちは、実際にリーダーとして活躍している人たちの話を聞くだけではなくて、社会的に弱い立場にある人のことも考え、思いやることができるようになって欲しい」という言葉が忘れられません。私も素直にそのような人になりたいと思います。

社会の人々がさまざまな立場にいる人々のことを知ろうと努力して、互いに理解しようとするようになることで、それが再犯防止の助けとなるだけではなく、本当の「あったかい社会」の実現へとつながっていくのではないでしょうか。

## 避けるべきものではなく、受け入れるべきもの

徳井文香（法学部1年）

　玉城フェローゼミは、刑務所の視察、更生保護施設の佐々木さん、北洋建設の小澤社長の講演の3回からなる刑務所および犯罪者について「知る」作業、刑務所の内側・外側の2つの視点から話し合いを行ない、再犯防止を「考える」作業、そしていままでの学習をまとめて刑務所について知らない人に対して伝える「発表」作業からなる三部構成でした。そのそれぞれについて何を学んだか、自分がどう変化したか振り返ってみます。

「知る」作業では、犯罪者へ向ける思いが変化しました。「考える」作業では、議論で考えを深めること、立場を変えることを。そして「発表」では伝える力をそれぞれ学びました。

　ここで私が学んだことはソクラテスの「自分の無知を自覚することが真の知にいたる出発点である」という「無知の知」、つまり、私は何も知らなかったということかもしれません。

　じつは、まだ小学校低学年だったころに「博物館 網走監獄」（網走刑務所旧建築物を保存公開する野外歴史博物館）を訪れたことがあります。幼かったこともあり、刑務所とはどこか「おそろしいところ」といった印象だけが私の中には残っていました。今回の視察でその記憶は正しくないということが分かりましたが、それでもまだ視察中に見かけた受刑者を忌避する感情がありました。更生保護施設の話を聞いたときも、黙って失踪してしまう人がいるということなどから、更生保護施設の意義・役割などについては理解できても、犯罪者への恐怖、失礼な表現ですが「軽蔑する」ような思いは未だ残っていました。

　それが変化したのは「北洋建設」の小澤社長のお話を伺ってからです。犯罪者に対する理解・援助がいかに欠如しているのかを思い知りました。私が社会のはみ出し者だと考えていた犯罪者の人々は、居場所さえあれば社会に戻ってくることができます。彼らを社会から追い出しているのは私たち自身だとわかりました。犯罪者とは避けるべきものではなく、受け入れるべきものでした。

この作業で学んだことは、模索するということそのものと、視点を変えることです。私が所属した刑務所の外側から考えるグループのメンバー各々が「知る」作業を通して考えたことがあり、それを話し合いでまとめていきました。みな、考えたことはそう変わらないようでしたが、実際どうするのかという解決策までもっていくとなると、さまざまな問題点がありました。結局、それらの問題をすべて一度に解決する万能策など存在しないため、働くことが難しい人と高齢者に的を絞って考えました。それでも、私たちの提案するものは本当に犯罪者のためになるのか、押しつけがましいものではないか、犯罪者にとって必要なのかを考えることは、この作業において重要なことでした。

　玉城先生は初回の交流会で「なぜ刑務所をテーマにしたか」語ってくれました。「社長とか上の人たちの話なんか、ほかのゼミとか新渡戸カレッジにいたらいっぱい聞けるんだから、下の人のことを考えてみなさい」……。考えを深めていく中で、この言葉を忘れないように心掛けていました。私たちが考えついたことが完ぺきな解決策でないことは間違いありませんが、それでも議論を重ね、納得のいく提案をつくることができたと考えています。

　発表でいちばん大事にしたのは、「知らない人に伝わるように」ということです。当たり前のことかもしれませんが、「知る」作業で知った自分の無知さに、多くの大学生は刑務所・犯罪者について何も知らないのだという事実を突きつけられたからです。私たちの発表が犯罪者の問題は他人事ではないのだと気づくきっかけにしたかったのです。

　どうすれば効果的に意見を訴えることができるか、単調になっていないか、パワーポイントは見やすいか、前期の新渡戸の授業でもプレゼンを行ないましたが、あのときよりも強く「伝える」とはどういうことかを考えることができました。結果、発表はフェローの先生方の採点で1位をいただきました。また、別のゼミの友人からいってもらった「わかりやすかったよ」のひと言に、達成感を得ることができました。「伝える」力、プレゼン力が飛躍的に成長したと思います。

　玉城フェローゼミを通して、触れたことのなかったさまざまな意見、社会の実態に触れることができました。やはり、いちばんの学びは分野に限らず、まだまだ「何も知らない」ということです。そして、それは

私たちの手の届くところにある問題で、自分たちで解決方法を考えていかなくてはならないということです。

　今回、私たちは刑務所・犯罪者について取りあげましたが、ほかのゼミの発表を見て、どのゼミも問題解決に真剣に取り組んできたということが伝わってきました。発表の多くは私が知らない分野のことで、非常に興味深く感じました。私がそう感じたように、伝え方次第で人々にいろいろな問題に興味をもってもらえるのではないかと思います。

　多くのことを学び、多くのことを考えたこのゼミで、複数の点で自分の成長を強く感じ、今後も、いろいろなところに目を向け、自分の知らないこととも向き合っていきたいと考えるようになりました。今回得た知識や、考えたことが私の生活に直結するわけではありません。しかし、自分が暮らす「社会」のことを意識し、考える重要さを知りながら、私の生き方、ものの見方は変化していくでしょう。

## 国民の意識を変える必要がある

新山陽花（法学部1年）

　私がこのゼミを選んだ理由ははっきりとしたものではなく、ただなんとなく、刑務所にいけるのは面白そう、刑法に興味あるし取ってみるか、というようなものでした。まさかこんな深くまで刑務所の医療制度や更生保護施設、再犯防止について学び、考えることになるとは思ってもいませんでした。学んだことすべてが私にとって初めて触れるもので、私はいままで自分が生きている世界の中でしか物事を考えていなかったのだということを痛感させられました。

　このゼミを通して、刑務所の外にいる人々から見た考え方、刑務所の中にいる人の考え方、また刑務所の外にいるが受刑者と密接な関わりを持っている人々の考え方を聞き、自分の視野が広がったように思います。

　私は玉城ゼミ内で、「刑務所内部」について考えるグループとして活動しました。最初は、刑務所内部の環境は受刑者にとって快適すぎる、それこそが再犯防止を妨げているのではないか、という議論から始まったのですが、すべて主観での議論だと気がついたため、逆に刑務所に足

りないものは何か、もう少し受刑者を支援することはできないのか、ということについて考えることとなりました。その際、再犯率が低い北欧諸国の刑務所の仕組みについて調べ、それを参考に考えることになりました。その過程で、私は北欧の刑務所政策、福祉政策にとても興味を持ちました。北欧諸国の刑務所の内部はまるで私立大学の寮のようにきれいで、生活も充実しているようでした。私がいちばん驚いた政策は、デンマークの刑務所で「生活すべてを受刑者に任せる」というものです。料理も受刑者自身が行ない、生活に必要な日用品まですべて自分で選んで購入する、という自由度が高すぎる政策を知って、驚きとともに疑問を感じました。

　なぜ、このような豊かな生活の中で受刑生活を送っているのにも関わらず、再犯率がこれほどまでに低いのか……。ほかの国でこの政策を行なったとしても再犯防止になるとは思えません。むしろ刑務所内の環境が良すぎるせいで、再び罪を犯すものが増加するのではないかと。

　更生保護施設の佐々木さんのお話から、出所後も就職ができない、居場所がない、などのさまざまな理由から再犯に走る人々がいるということがわかりました。北欧の国民の受刑者に対する意識を調べたところ、日本より理解が進んでいることがわかり、北欧の再犯率がとても低い理由がわかりました。国民の理解が進んでいると、受刑者は出所後に孤立することなく社会に居場所をつくることができ、就職もしやすいということでした。日本では、どんな理由であれ、「罪を犯した」という事実だけで人々から避けられる傾向があります。私たちは、再犯を防止するためには、そんな国民の意識を変える必要があるという結論に至っています。

　その後、グループのメンバーと議論を重ね、納得のいくプレゼンをつくり上げました。プレゼンは刑務所の内部グループと刑務所の外部グループをまとめた形式でしたが、双方の考えたことがよく反映されていたと思います。いままで調べたこと、学んだことのまとめだけではなく、そこからさらに深めた自分たちの考えも、とても良いものだったと思います。すなわち、国民の意識を変えるために教育のニーズがある、さらに協力雇用主を増やすべきだ、また出所後の受刑者の居場所を作るために二重のネットワークとして福祉施設をつくるべきだなど、これを

実際に実行することができれば国民の意識は大幅に変わることが予想されるし、再犯者も減少するでしょう。

　日本では、元受刑者が社会で生きる際に、犯してしまった罪を隠す傾向があるが、これを隠さない、隠す必要がないような社会にしていく必要があると思います。「犯罪者」というだけで人々から避けられてしまいますが、すべての人が望んで罪を犯したわけではありません。止むを得ずそのような行動をとってしまった人々もたくさんいます。そんな人々が出所したあとも、住み良い社会をつくっていかなければならないと思います。

　今回、玉城ゼミの活動で学んだことは、刑務所に関連する知識だけではなく、周囲の人々とどのように情報を共有するかということでした。ゼミで学んだことを忘れずに、これからも主観的になりすぎず、多方面からの考えを持っていきたいと思います。

## 意識を改革できるか

和高一希（医学部保健学科1年）

　テレビを観ていると、1日に1回は必ず耳にする「○○が逮捕された」「△△に懲役××年の実刑判決が下った」という報道。このゼミに参加するまで、私はこれらの報道を私とは関係ないこととして聞き流していました。しかしゼミに参加してからは、こうした報道をテレビ画面の向こう側で起こっていることではなく、自分の近くでも起きていることかもしれないと、少し身近に感じるようになりました。このゼミを通じた私の考えの変化を以下に記します。

　ゼミが始まり、札幌の更生保護施設、「札幌大化院」施設長の佐々木孝一さんの講演を聞いたあと、私はまだ刑務所や更生保護施設は受刑者に甘いのではないか、もっと厳しくしないと更生しないのではないかと思っていました。再犯は、社会に適応できない人たちが3食と寝床が確保された刑務所へ入りたくてくり返されているようにしか思えませんでした。具体的には、刑務所内のレクリエーション廃止や仮釈放の廃止が必要ではないかと考えており、被害者側の気持ちを重んじて制度を変えるべきだと感じていました。そして、社会にいる全員が私と同じ考えを

持っていると思っていました。しかし、「北洋建設」社長の小澤輝真さんのお話を聞いたあとから、この考えは揺らぎ始めました。

「私は小さいころから近くに元受刑者の方がいたので、今でも近くに受刑者がいるということに違和感を覚えていません」「再犯を防止するということは被害者を守ることなのです」……。この2つの言葉で、私の中でとらえ方が変わったのを覚えています。

　小さいころから傍に元受刑者がいるという状況は、ほとんどの人は体験し得ない状況です。それゆえ、多くの人は元受刑者を「私の住む世界とは別のところに住む人」と思うくらいの距離を感じています。私もそう感じていた一人です。そのため、無意識のうちに上記のような、刑務所内での処遇を厳しくする、などの考えを思いつくのでしょう。今となってはかなり差別的な考えのように思えます。

　また、「再犯を防止することは被害者を守ることである」という言葉。犯罪者のうち再犯者が約半数を占めている現状を顧みると、この言葉は大きな効力を持つと考えられます。それでも私が以前に考えていた案（仮釈放をなくすなど）が効力を持たないとは考えていません。

　ゼミの発表準備をするなかで、北欧の刑務所の仕組みを調べたのですが、北欧では受刑者に比較的多くの自由が与えられており、刑務所内の部屋や設備も充実し、まるで刑務所とは思えない内装をしているにもかかわらず、再犯率が世界各国と比べて低いのです。しかし、そんな北欧でも「もっと受刑者に対しての処罰を厳しくしよう」という政策が進められ、懲役の最長期間が延びるなどの法改正が行なわれています。

　このことから、ある程度の厳しい処遇も必要ということがわかります。ただし、TA藤谷さんのアドバイスから、自分の考えが世間一般の考えではないこと、必ず主観が含まれてしまうことに気づくことができました。それによって刑務所内の処遇の変更よりも、私が実際にかかわることのできる刑務所外で元受刑者の支援をしていくことで犯罪を減らすことを目指す、という意識の転換をすることができました。

　ゼミの発表では、再犯を起こさないということに焦点をあて準備しましたが、個人的には「出所後、労働することができる/労働に就くのが厳しい」という視点から「就労/福祉」のジャンルに焦点を絞ったのが、発表においてのキーポイントになったと感じています。

就労面では、①協力雇用主制度の充実、②元受刑者のことを知るきっかけづくりとしての教育の充実、福祉の面では③更生保護施設に福祉スタッフなどの派遣を完備した補助施設の設立、という改善に向けた提案が明確化されました。なるべく多くの社会の人たちが、いかに受刑者との距離を感じないように「意識を改革できるか」を考えた末に出た結論だと思います。「教育」という観点が加わり、いまでは、私が以前考えていた外界と遮断された案よりもはるかに未来に開いた案のように思っています。

　①〜③に関して、具体的な提案も多くあります。たとえば②に関して、実際の協力雇用主と元受刑者が学校に行き話をする、などの提案です。「ほかの誰か」を介した言葉ではないため、実際、元受刑者が働く職場はどのような感じなのかを理解しやすく、聞き手としても元受刑者に親しみを感じられると思います。

　ゼミ全体を通し、私の専攻と何のかかわりのない分野のテーマを選んでしまったことに何度か後悔を感じたこともありましたが、すべてが終わったいま、自分にはなかった視点を得られたことにとても満足しています。今回のゼミで学んだことを今後に活かしていきたいと思います。

# 第7章　システムに依存しないために

藤谷和廣

## ルーマンの社会システム理論

　学生の意識の変化を考える上で、是枝裕和監督の映画『万引き家族』は非常に示唆的です。2018年に公開され、第71回カンヌ国際映画祭で最高賞の「パルムドール」（Palme d'Or）を獲得した作品です。観ていない方のために、映画のあらすじを簡単にご紹介しましょう。

　タイトル通り、家族が主人公の物語です。「治」と「信代」の夫婦、息子の「祥太」、信代の妹の「亜紀」にとって、主な収入は祖母「初枝」の年金。夕食のカップ麺やシャンプーなどの日用品は治と祥太が万引きで調達します。都会の片隅で貧しくも、仲良く暮らしていました。そんな冬のある日、治が近所の家の外で震えていた「ゆり」を連れて帰ります。体中傷だらけのゆりの境遇を思いやり、信代は娘として育てることにしました。その後、ある事件をきっかけに家族はバラバラになり、それぞれが抱える秘密が明らかになっていきます。

　映画は海外で高く評価された一方、国内では「犯罪を助長する」という批判が一部でありました。確かに、ゆりを連れて帰ったのは法的には誘拐です。もちろん、万引きも犯罪です。初枝が亡くなると、庭に埋めて供養するのですが、これは死体遺棄にあたります。しかし、映画の最後で家族が逮捕されると、治と信代に対する取り調べに理不尽さを感じてしまいます。

　なぜでしょうか……。法的なものさしではとらえきれない何かがそこにはあるからです。

　ここからは、ドイツの社会学者ニクラス・ルーマン（Niklas Luhman, 1927～1998）の社会システム理論に沿って考えてみましょう。少し抽象的な話になりますが、お付き合いください。

　今日の夕食何にしようかというところから始まり、人間の行動にはあらゆる可能性が考えられます。一方、それを認識し、実践する人間の能力には限界があります。すべての可能性を吟味してから行動に移すことはできません。そんなことをしていたら日が暮れてしまいます。したがって、あらゆる可能性を処理可能にする仕組み（システム）が必要になります。システムが機能していることによって社会は成り立っている

のです。

　その中で現実化に至らない可能性はつねに存在します。さらに、他者の選択によって自分の予想は裏切られます。いつも先の先を読んで行動するのは骨が折れますので、「優れた選択」の規準を設定することになります。

　一方、規準に沿わない選択を「違背」（命令・規則・約束などに背くこと）と認識することによって、自分の行動の確実性と他者の行動の計算可能性を高めます。この複雑性を縮減し、不確実性を軽減する機能を担うシステムが規範であり、法はそのような規範のなかで、より一般化したものということになります。

　相手が法にしたがって行動すると予期できるからこそ、自分も法にしたがって行動することになります。一方、法に背く行為は例外として処理されます。

　万引きが犯罪ではない（が、規範としては存在している）社会を想定してみましょう。その社会では店に入って、売っている商品を持ってそのまま帰ることもできるわけです。でも、レジまで持って行ってお金を払うこともできる。あなたはどうしますか……。毎回こんな決断に迫られたら、疲れてしまいます。店側としても、もし相手がそのまま商品を持ち帰ったらどうしよう、と考えてしまう。犯罪ではないので、警察に通報しても意味がありません。ちゃんとお金を払ってもらうにはどういう対応をすればいいのでしょうか。そんなことでいちいち悩みたくありません。

　ところが、万引きは「犯罪」ということにすれば楽ですよね。客は何も考えず、ただ商品をレジに持って行けばいいのです。店の人も、それを想定して、「いらっしゃいませ」と「ありがとうございました」をただ繰り返していればいい（と言ったらお店の方に失礼ですが）。もし万引きをする人がいれば、すぐに警察に通報すればいいわけです。

　したがって、法のシステムにおいて、すべての事象は「合法」か「不法」か、という二値コードで認識されるようになります。

　もちろん、法だけが、社会を成立させている唯一のシステムではありません。経済もまた、一つのシステムです。そこでは、「損」か「得」か、というコードが使用されます。相手が相手の利益を第一に考えて行

動するのに合わせ、自分も自分の利益を第一に考えて行動するということになります。

　それぞれのシステムは完全に閉鎖的ではありませんが、自己完結的かつ自己準拠的（self-contained：自らの要素から自らを再生産すること）です。法が経済のロジックを部分的に取り入れることはあっても、法のロジックが経済のそれに取って代わられることはありません。そして、新しい法も既存の法にもとづいて作られます。

　社会は各システムが併存することによって成立しています。その中で、私たちは法のロジックだけに従っているわけでも、経済のロジックだけに従っているわけでもなく、システム横断的に生きているのです。

### 『万引き家族』に学ぶ

　さて、映画『万引き家族』に対しては、一部で「犯罪を助長する」という批判がありました。これこそ完全に法システムに依存したものの見方であり、まさに是枝監督が批判したかったことなのではないかと思います。

　この問題を考える上で参考になる事例があります。2016年、イタリアの最高裁は、必要に駆られて少量の食品を盗む行為は犯罪には当たらない、という判決を下しました。どういうことなのでしょうか。ホームレスの男性がスーパーマーケットでソーセージとチーズ約500円分を盗んだとして窃盗罪に問われました。一審では有罪判決が言い渡され、控訴審でも一審の判断が支持されました。しかし、最高裁は、「被告人は緊急かつ不可欠だった栄養摂取のために少量の食品を手にした。したがってこれは必要性に駆られた状況に置ける行為だった」として、無罪を言い渡したのです（CNN.co.jp 2016年5月6日）。

　また、日本でもこんなことがありました。2018年、新潟市のスーパーマーケットで60代の夫と妻、そして40代の長男が食料品17,500円分を盗んだとして窃盗の容疑で逮捕されました。その後の捜査で、3人は同じ日に別のスーパーマーケットで、食料品630円分を盗んでいたことが判明しました。3人とも無職で、年金や生活保護で暮らしていたそうですが、前年に夫が病気になり、通院費用が家計を圧迫していたとの

ことです（朝日新聞2018年10月13日）。

さて、あなたはどう考えますか？「どんな事情があろうとも、犯罪は犯罪だ」という意見もあるでしょう。それに対し、是枝監督は朝日新聞のインタビューで「世の中って分かりやすくない」としたうえで、「一見分かりやすいことが実は分かりにくいんだ、ということを伝えていかねばならない」と述べています（朝日新聞2018年6月25日）。

システムとはまさに、世界を「分かりやすく」見るものさしです。合法か不法か。万引きはまぎれもなく犯罪です。法に背いた者は刑務所に入れられてしかるべき、ということになります。

しかし、この映画を見た多くの人が「それだけではない」と思うでしょう。もちろん、万引きは「悪いこと」です。治と祥太が見事な連携プレーでスーパーマーケットの商品を盗む様子を見て、良心の呵責を全く感じない人は少数派でしょう。だからこそ、祥太はわざと捕まったのです。この時点で、「犯罪を助長する映画」ではないことは明白です。

そこからがこの映画の「みそ」です。一家は夜逃げしようとするところを捕まり、治と信代は取り調べを受けます。取調官に「子どもに万引きを教えるとはどういう神経か」と責められ、治は「ほかに教えられるものがなかったんです」と力なくうつむき、誘拐の罪を問われた信代は「拾ったんです。捨てた人はほかにいるんじゃないですか」と取調官をふてぶてしくにらみ返します。家族に同情しないではいられません。

「悪いこと」をしたから、「悪い人」とは限らない。世の中、そんなに単純ではありません。映画が「犯罪者を擁護している」という批判に対し、是枝監督はインタビューで、「犯罪者と自分は全然違うという感覚が広がっている現代社会は、とても危険だと思う」と述べています。「犯罪は犯罪だ」と息巻いている人だって、運命の気まぐれによって犯罪に手を染めてしまうこともあるのです。

## 「他者」を受け入れる余裕

世の中は複雑であり、複雑なことを複雑なまま理解するにはそれなりの「余裕」が必要になります。組織、あるいは社会の中で自分の居場所が失われてしまうと感じるとき、人はその不安を埋め合わせようと、シ

ステム依存的思考に陥ってしまいがちです。

　最も典型的に表れるのは外国人に対する考え方です。2018年、日本では入管難民法が改正され、在留資格が新設されました。「相当程度の知識または経験を要する技能」を持つ人に与える「特定技能1号」は、最長5年の技能実習を修了するか、技能と日本語能力の試験に合格すれば取得できます。在留期間は5年で家族帯同は認められません。さらに高度な試験に合格し、「熟練した技能」を持つ人に与える「特定技能2号」は在留期間の更新が何度でも可能であり、家族の帯同も認められます。

　これらの制度を通じて、政府は5年間で34万人の受け入れを見込んでいます。単純労働の移民を認めてこなかった日本としては、大きな政策転換といえるでしょう。とはいえ、すでに多くの外国人が日本に暮らしています。法務省によると、2018年末時点で日本に在留する外国人の数は273万人になり、4年連続で過去最多を更新しました（一方、外国人技能実習生が2010年から2017年の8年間で174人死亡していたことも明らかになっています。技能実習生の多くが20〜30代の健康な若者であることを考えると、これは異常な数です。移民の受け入れ環境整備が喫緊の課題と言えるでしょう）。

　一方、社会学者の橋本健二氏によると、日本には928万人のアンダークラス（パート主婦らを除いた非正規労働者）が存在します（『新・日本の階級社会』）。就業者全体の14.9％を占める彼らの平均年収は186万円。平均世帯年収も1990年代末からの10年間で約100万円下がっています（大内裕和著『奨学金が日本を滅ぼす』）。相対的貧困率は2015年に15.7％に達しました（厚生労働省「平成29年版厚生労働白書」）。

　中間層が没落するなか、外国人労働者を受け入れれば、「自分たちの取り分が失われる」と思う人も多いはずです。米国のトランプ大統領やフランスの旧「国民戦線」（現在は「国民連合」）に象徴される反移民を軸にしたポピュリストの主張を主に支持しているのは、現状に対する不満と将来に対する不安を抱え、外国人の存在に漠然とした脅威を感じている人々だということが数々の研究で明らかになっています。

## 弱い者いじめ

　日本も例外ではありません。在日韓国・朝鮮人の特別永住資格を認める入管特例法の廃止を目標に掲げ、2007年1月に設立された「在日特権を許さない市民の会」（以下、在特会）を支えているのも私たちの一人ひとりの中に潜む小さな憎悪だと、在特会を長く取材してきたジャーナリストの安田浩一氏は著書『ネットと愛国』で強調しています。

　在特会の活動を担っているのは右翼の活動家ではなく、ネットで飛び交う差別的な言論に影響を受け、動画サイトで見る在特会の街宣に触発され、そのまま会員になった『普通の人々』だと安田さんは指摘します。

　在特会は、「日本人の生活保護受給率は低いのに、在日朝鮮・韓国人には生活保護が優先的に給付されている」と批判しています。もちろん、在日の人々が「優遇されている」根拠はありませんし、受給率が高いのは、貧困層が多いことの裏返しです。まさに在特会の存在によって差別や偏見が助長され、社会生活に困難をきたし、貧困に陥ってしまうと考える方が自然でしょう。

　ただ、在特会が主張するように「日本人の生活保護受給率が（不当に）低い」ことは事実です。受給者数自体は1995年以降、増加しているものの、補足率（生活保護を利用する資格がある人の中で、実際に利用している人の割合）は20％程度であると推計されています。

　特にネット上では、本来は限られたケースにすぎない「不正受給」を過剰に問題視する風潮があります。生活保護は憲法25条に規定されている「健康で文化的な最低限度の生活を営む権利」を国民に保障するための制度です。生活保護を受ける権利がある国民を、貧困に陥ったのは自己責任だと切り捨てるのは憲法の趣旨に明らかに反しています。

　在日韓国・朝鮮人バッシングと生活保護受給者バッシングに共通するのは「弱い者いじめ」という点です。社会の中で（あるいはネット空間の中で）居場所を確保したいと思うあまり、自分より弱い立場にある人たちを叩きたくなる。限られたパイの奪い合いになってしまうのです。

　同じロジックで「受刑者バッシング」もあります。「犯罪に走ったのは自己責任であり、そのために税金を使われたくない。したがって、刑務所はもっと厳しい場所にするべきだ」といった意見です。実際、札幌刑務所で受刑者の「恵まれた生活」を垣間見て、このように考えた学生もいました。

　そこで、まず犯罪に走るのは本当に「自己責任」なのか、と問い直すところから始めました。あなたがこれまで刑務所に入らないで済んだのは、確かにあなたが十分に抑制的であったかもしれません。でも、あなたが「法は守るべきだ」と考え、それを実践できたのも、あなたの生まれ育った環境や受けてきた教育のおかげなのではないでしょうか。つまり、究極的には「運がよかった」ということに過ぎないのでは？

　統計を見てみると、仕事や帰る家がない人が犯罪をくり返していることが分かりました。犯罪は社会が生み出しているものだという認識に至ったのです。そして、社会を構成しているのは私たち一人ひとりです。私たちの「犯罪者＝悪人」という思い込みが、彼らを社会の隅に追いやり、再び犯罪に走らせてしまうのです。

　米国の政治学者ジョン・ロールズ（John Rawls, 1921〜2002）は主著『正義論』の中で「正義の二原理（the two principles of justice）」を提唱しています。そのうちの一つ「格差原理」は、「社会的・経済的不平等は、それが社会で最も不遇な人々に資する場合にのみ許容される」というものです。

　その原理を導くために、ロールズは一つの思考実験をします。あなたは社会の原理を選ぶにあたって、「無知のベール」をかぶる。すると、あなたは一時的に自分が何者なのか分からなくなります。自分の人種、信条、性別、社会的身分などはいっさい分かりません。「無知のベール」を外したら、自分は大金持ちかもしれないし、ホームレスかもしれない。あるいは社会的マイノリティかもしれません。ロールズは、そのような仮想的な状況で合意された原理こそ正義にかなうものであると主張しています。

これはまさに学生たちがこのゼミを通じて実践したことです。「もし自分が違う立場に置かれていたら」と想像し、そのうえで社会制度のあり方についての議論を重ねてきました。

## 立場を超えて

　そして、何よりも重要なのは、学生たちの考えが変わったことです。受刑者の立場だけでなく、「犯罪は自己責任」と主張する人の立場も理解できるようになりました。

　国民戦線にしても、在特会にしても、「エリートは自分たちのことなど考えていない」というフラストレーションが原動力になっています。移民や在日韓国・朝鮮人の立場を理解し、社会に包摂する姿勢を示すことは重要ですが、それだけでは国民戦線も在特会もなくなりません。

　複雑化し、流動化する社会において、「もし自分が他者だったら」という「反転可能性」を考えることはより困難になっています。日々の生活環境だけでなく、情報源も多様化しているため、共通認識が失われつつあります。一つの事象を論じる際に、入ってくる情報があまりにも多いため、人々はシステム依存的思考に陥ってしまいます。そのうち、その情報が事実かどうかはもはやどうでもよくなり、自己の存在の不安を埋め合わせるためだけに、「犯罪者＝悪」「移民＝悪」「在日＝悪」「エリート＝悪」という断定的な言説をただくり返すようになります。

　最悪なのは、「ただ政府の言うことに従っておけばいい」という思考停止の状態に陥ることです。そして、政府に反発する者を摘発し、罵倒する。安倍晋三首相の街頭演説で日本国旗を振り、政権に批判的な人々に罵声を浴びせる自民党支持者の姿を見ていると、まさにジョージ・オーウェル(George Orwell, 1903〜1950)が『1984』で描いたディストピア（dystopia:ユートピアutopiaの正反対の社会）が現実のものとなりつつあると感じます。

　新渡戸カレッジの学生たちは今後、留学を経験し、国際的な舞台で活躍することが期待されています。まさに、それぞれの分野で、国民戦線や在特会が批判するエリートになるわけです。そうであればなおさら、「反転可能性」の思考力は欠かせません。多様性を尊重し、その中で合

意形成を図っていく営みは、自分と違う立場に置かれている人に対するエンパシー（empathy）を前提としています。

　ヒントになるのは英国で暮らす家族の日常を描き、2019年に大きな話題となったブレイディみかこ氏の著書『ぼくはイエローでホワイトで、ちょっとブルー』です。この中でブレイディさんは、自分の息子が中学校の試験でエンパシーの定義について「自分で誰かの靴を履いてみること」と書いたエピソードを紹介しています。まさにこれこそ「反転可能性」を考えるということにほかなりません。

　世界では今、スウェーデンの若き環境活動家グレタ・トゥーンベリ（Greta Thurnberg, 2003〜）さんが中心となって気候変動対策を各国政府に訴える運動が広がりを見せています。一方、フランスでは、環境政策を推進するマクロン政権が燃料税引上げを発表したことに対し、2018年末から翌年にかけて大きなデモが続きました。ブルガリアの政治学者イワン・クラステフ（Ivan Krastev, 1965〜）は朝日新聞のインタビューでこう述べています。

「世の中には二つのタイプの人がいます。温暖化による世界の終わりを心配する人々と、月末までの自分の生活を心配する人々。後者は、自分たちの暮らしが悪化しているのに誰も振り向いてくれない、と感じている。彼らを無視しては、政治は何も達成できない」。

　分断を超えるエンパシーをいかに養うか……。刑務所にはそのヒントが隠されています。

# 第8章 高齢者の万引き

玉城英彦

## 万引きの語源

　高齢者の犯罪が相対的に増えています。その中でも圧倒的な割合を占めているのが「万引き」です。「万引き」とは、買い物をするふりをして店頭の商品をかすめとる、あるいは代金を支払わず無断で商品を持ち去ることを指します。「商品窃盗」とも呼ばれます。

　その「万引き」ですが、刑法には「万引き」という罪はなく、罪名でいえば「窃盗罪」となります。窃盗は「刑法第235条」によって、「他人の財物を窃取した者は、窃盗の罪とし、10年以下の懲役又は50万円以下の罰金に処する」犯罪行為です。よく、コンビニなどで窃盗犯が万引きをして店員に見つかり、逃げようとして店員にケガを負わせたという事件がメディアなどで報道されますが、店員や警備員に危害を加えると「強盗罪」になり、それがさらにエスカレートして殺人につながると「殺人罪」（強盗致死傷罪）が成立します。

　ところで、2006年（平成18）までは「罰金」という刑罰はなかったそうです。というのは、万引きはお金に困った人が起こす犯罪であるからという理由からでした。「罰金刑」が加えられたのは、2006年5月28日からです。こうしてみると、日本の昔の刑法はなかなか人間的で、人情味があったといえます。しかし今では、お金がない、貧しいという理由から「万引き」するとは限らなくなっています（後述）。

　では、刑法にない「万引き」はいつ頃から、なぜそのように呼ばれるようになったのでしょうか。その「語源」にはいろいろありますが、本来、店にある商品を間引いて盗む「間引き」が有力です。私が少年のころ、田舎の農業では、ニンジンやタマネギ、ホウレン草、小松菜など、苗の良好な生育のために良い苗を残して他を引き、十分な間隔をあけるのを「間引き」と言っていました。間引きすることによって、日当たりが良くなり、生育が促進されるからです。また、畑の利用効率が向上して収穫量が増えます。それとともに病気や害虫の発生予防にもなるのです。同様に、スイカ畑では、最初の根っこのスイカの実を間引いていました。スイカを甘く、じょうぶに育てるためです。

　それが転じて、古くは奈良時代から、子どもの多い貧しい農家などで、育てられないと考え、「口べらし」のため、産まれたばかりの生児

を殺すことを「間引き」といっていました。とくに江戸時代には、農民たちの生活苦を背景にして、間引き、すなわち"嬰児殺し"が各地で行われていました。ある一文（子孫繁盛手引き草）にはこうあります。「田舎にては、所に寄り貧乏人に子供多き、身代のかせなりとて、産み落としたる時口を塞ぎ尻を押さえて殺し……」。

　江戸時代後期、間引きによる「少子化」に幕府は苦慮していました。老中・松平定信（1758～1829）は、農民に間引きを禁じて、農村の人口の増加を図って、殖産政策を推進したことは知られるところです。各藩では極貧者の生児に「養育料」（赤子養育仕法）を配ってその防止に努め、米沢藩などは「金1両」を給したとあります。今の日本を彷彿とさせるエピソードです。

　しかし、明治になっても「間引き」の風習は途絶えることはありませんでした。とくに対象となったのは女児と障がいを持つ子どもでした。民俗学の創始者・柳田國男（1875～1962）は明治20年ごろの茨城県布川について、「故郷七十年」の中で「布川の町に行ってもう一つ驚いたのは、どの家もツワイ・キンダー・システム（二児制）で、一軒の家に男児と女児、もしくは女児と男児の二人ずつしかいないということであった。……このシステムを採らざるをえなかった事情は、子供心ながら私にも理解できたのである」と記しています。また、同じ茨城県利根にある「徳満寺」で見た「間引き絵馬」の衝撃は、少年・柳田國男を民俗学へといざなうきっかけとなります。「その図柄は、産褥の女がはちまきを締めて、産まれたばかりの嬰児を押さえつけているという悲惨なものであった。障子にその女の影絵が映り、それには角が生えている。その傍らに地蔵様が立って泣いているというその意味を、私は子供心に理解し、寒いような心になったことを今でも覚えている」……。

　明治時代の沖縄では、貧乏な農家は10歳前後の"男の子"を漁師として糸満へ丁稚奉公（糸満売り）に、"女の子"を遊女として那覇の一角にある辻の遊郭（辻売り、尾類売り）に出していました。これも口減らしの（間引き）でした（玉城英彦、『南の島の東雲に　オリオンビール創業者具志堅宗精』、沖縄タイムス社、2019年）。

　英語で「万引き」は"shoplifting"、単語の通りで店に陳列されているもの、商品を盗むことです。"Lift"は「盗む」ことに加え、「持ち上

げる」「撤廃する」などの意味もあります。つまり、店にディスプレイしているものには手を触れない（hands off）ということが肝心です。実際、とくに欧米では品物に直接手を触れることをとても嫌がります。

## 万引きの歴史

アメリカ・シカゴにあるデポール大学演劇学部教授レイチェル・シュタイア（Rachel Shteir）は、その著『万引きの文化史』（太田出版、黒川由美訳、2012年）の中で、万引きの歴史は産業革命が始まった「16世紀のイギリスのロンドンにさかのぼる」とし、次のように書いています（p.10）。

> 「万引き（ショップリフティング）の歴史についても調べてみた。それは16世紀のロンドンにさかのぼる。都市化と大量消費社会の到来によって、ロンドンがヨーロッパ最大の商都となった時代だ。当時のロンドンでは、代金が5シリングを超える商品を万引きした客は絞首刑になった。産業革命後のパリには新しいタイプの万引き犯が現れた——魅惑的な商品が並ぶ“夢の国”に惹（ひ）きつけられる者たちだ。パリの新しい百貨店に最新の流行を求めて集まってくる常習万引き犯に対し、精神科医によって初めて“窃盗症”（クレプトマニア）という病名がつけられた」

日本では、歌舞伎狂言作者・河竹黙阿弥（1816〜1893）の「白波五人男」（通称・「弁天小僧」。日本駄右衛門・忠信利平・南郷力丸・赤星重三・弁天小僧）に、次のようなセリフがあります。

> 「もし、ちょっとお待ちくださりませ」（佐兵太助）「なんぞ用か」（南郷）「御冗談をなされますな」（与九）「なに、冗談とは」（南郷）「お隠しなされた緋鹿子を、置いておいでなされませ」（与九）「え」（両人）「いや、文金島田のお嬢さんが、“万引”をしようとは気がつかねえ」（清次）「頭、油断のならねえ世界だね」（佐兵）「なに、お嬢さまが“万引”をした、当て事のない粗相を申し、あとで後悔いたしおるな」（南郷）。…後略…

ある日のこと、五人衆の一人・弁天小僧菊之助は武家の娘に変装（女装）し、同じく侍に変装した兄貴分の南郷力丸（五人衆のもう一人）を

したがえて、浜松屋という呉服店に出向き、なんくせをつけて"ゆすり"はじめます。そこで、文金島田のお嬢さんが"万引き"という話になりますが、詳細は別のところに譲ります。

その「白波五人男」の本外題、「青砥稿花紅彩画」は文久2（1862）年3月、江戸で初演された歌舞伎の題目です。これが今までのところ、日本の文献に初めて表記された「万引き」ということになります。

## 年齢とともに変わる万引きの原因

万引きの原因については、専門家の意見が分かれています。「貧困」「気持ちがいい」「節約」「禁じられたことをするスリル、心理的要因」「感情のはけ口」「ピアプレシャー（仲間たちからの圧力）」「退屈しのぎ」「盗みの衝動を抑えられない盗癖」「衝動を制御できず万引きをくり返すクレプトマニア（窃盗症）」……など、いろいろな理由が挙げられています。

万引きは、年齢とともに複雑化し、その心理や動機、原因なども変化してきます。たとえば、幼児が友だちが持っているもの（オモチャなど）を、ただ"ほしい"という理由でひとのものを「横取り」することがあります。これは厳密には「窃盗」に該当しますが、犯罪というより、むしろ子どもの心の成長とみるべきでしょう。「これは自分のもの」と認識できるようになった証しであり、子どもに"執着心"が生まれた証しともいえます。また小学校低学年生では、魅力的なものに対して"ほしい"という欲求をがまんできず、その誘惑に負けて盗んでしまうこともあります。

思春期以降になると、「スリルやゲーム感覚」で窃盗に走ることがあります。盗むものが必ずしも"ほしいもの""魅力のあるもの"でなくてもいいのです。友人や仲間たちが盗みをしているからということで、何となく彼らからの圧力（ピアプレシャー）を感じてその仲間に加わることもあります。この年代は、多くの仲間もやっているからと問題を軽く見て、自分の行動・非行を正当化しようとする傾向があります。これは「中和の技術」と呼ばれ、①責任の否定、②危害の否定、③被害者の否定、④非難者への否定、⑤より高度の忠誠への訴え、という5つの技術があります。

この「中和の技術」は、アメリカの社会学者デーヴィッド・マッツァ（David Matza、1930〜2018）によって提唱された「ドリフト理論」（Drift Theory、漂流理論）の基礎をなすもので、この理論では「非行少年はつねに非合法的な文化に没入しているのではなく、非合法的な文化と合法的な文化の間を漂流していると考える」「非行少年の漂流は、社会的な圧力に左右されるばかりではなく、非行少年自身の自由な意志によって起こる。ほとんどの非行少年は合法的な文化を肯定しており、一時的に非行を繰り返したとしても、いずれは更生し、自らの意志で合法的な文化に帰着する」としています（日本大百科全書。https://kotobank.jp/word/ドリフト理論-1571114）。そのことから、ほとんどの非行少年は「いずれは更生し、自らの意志で合法的な文化に帰着する」可能性があり、「更生」の見込みが残されている。それゆえ、慎重に対応すべきあることを示唆しています。

## 万引きの理由

　成人の場合、万引きの背景には心理的・社会的ストレスがトリガー（引き金）となっている可能性があります。厚生労働省の「健康状況調査」によれば、労働者の50％以上が「仕事や職業生活でストレスを感じている」と答えています。とくに最近の職場環境はITに独占され、スタッフ間のコミュニケーションが不足し、非常にストレスフルな孤独の場です。なかでも最大のストレスは、対人関係と仕事の量と質です。上司との関係、パワハラ・セクハラ・いじめ、ネグレクト（無視）、長期労働、ノルマ、低賃金、昇進・配置転換、非正規と正職員の格差。加えて、コミュニケーション不足からくる家庭内問題、そして心身の疲労……。とくに30〜40代の働き盛りの人たちが、精神的ストレスを多く受けています。こうしたストレス環境において、万引きをすることで達成感や爽快感が味わえ、ストレスが解消されるといいます。その開放感から抜け出せず、だんだんにハマっていくのです。

　高齢者はまた別の理由で万引きします。超高齢社会になって、高齢者を取り巻く環境は激変しています。家族構成も大きく変化し、核家族化が進み、老人夫婦、あるいは一人家族だけ（いわゆる独居老人）の数も急激に増えてきています。長いあいだ支え合ってきた夫あるいは妻の他

界（死）は、残された者にとって大きな悲嘆（グリーフ）と寂しさを誘引します。そのような時に、精神不安に陥り、将来への希望を失い、大きな喪失感に陥る場合も少なくなく、その喪失感がトリガーとなって万引きに染まる高齢者、とくに女性高齢者が少なくありません。加えて認知症高齢者の増加……。こうした要因が万引き高齢者の数を押し上げ、大きく社会問題化しています。

### 「万引き倒産」

前掲の『万引きの文化史』によると、万引きによる「全米の検挙者数は総人口の9％」「日本の被害額は年間4,500億円以上」で、日本は世界第2位の万引き大国です。

「万引き倒産」という言葉が示すように、万引きで倒産する店が後を絶ちません。とくに書店の万引き被害が深刻です。万引きによって利益が圧迫され、経営状態が悪化し、「万引き倒産」に追い込まれる書店も少なくありません。本の万引きの増加の背景には、盗んだ商品が「新古書店」で高価に現金化できるからだという指摘があります。

書店は特殊な商売で、「再販制度」というのがあって、本の価格（新刊）は全国どこでも同じ定価で販売しています。書店は「取次」（流通）から委託されて販売する仕組みになっていて、売れなかったら「返品」することができます。これだけだと「いい商売だ」と思われがちですが、書店は利幅の少ない、つまり薄利多売で成り立っている商売です。ですから盗まれた本の値段を取り戻すためにはたくさんの本を売り上げることが必要となり、書店にとって、万引きは「死活問題」となるのです。

たとえば、定価1000円の本の卸値はだいたい800円（正味80％）ほどです。利益は200円。1冊万引きされると、800円のマイナスで、それを取り戻すには書店は4冊売らないと帳尻が合いません。これでは小さな書店は立ち行かず、倒産するしかありません。

書店の「万引き」による被害額は年間およそ200億円。1店舗当たりの年間の被害額は平均200万円以上ともいわれます。そのため「万引き倒産」に追い込まれる書店も少なくないのです。この構造はスーパーマーケットやコンビニエンスストア、それにドラッグストアも基本的に

は同じで、万引きの被害に悲鳴を上げています。

　海の向こうのアメリカでも、古地図や稀覯本（稀に出合う、きわめて貴重な本）などの窃盗が後を絶ちません。マイルズ・ハーベイ（Miles Harvey）はその著『古地図に魅せられた男』（島田三蔵訳、文藝春秋、2001年）で、幼い頃から地図好きの著者が、1996年1月、南フロリダの冴えない古地図主がFBIに逮捕された事件を調べるうちに、壮大な「古地図を巡る冒険談」の世界に引き込まれてしまいます。またトラヴィス・マクデード（Travis McDade）の『古書泥棒という職業の男たち－20世紀最大の稀覯本盗難事件』（矢沢聖子訳、原書房、2016年）では、古書店主たちが結託して古書窃盗団を組織し、稀覯書を盗み出すという、大恐慌の最中の1920年代アメリカでの出来事を書いています。

　本の持ち去り（万引き）や窃盗は、古くからところ限らず行われており、書店だけにとどまらず、公共図書館も本の窃盗に悩まされています。ある本好きな男が、図書館の本1500冊を盗んだ（窃盗）として逮捕された事件がありました（藤沢市総合市民図書館。2019年4月）。図書館の本の無断持ち出しは窃盗罪です。

　ところで、日本の大学生の読書離れは著しく、教科書さえも買わないという現状です。大学生の活字離れは、書店を含む出版業界にも大きな痛手となっています。国際的にみても日本人は読書量が少なく、出版業界と書店にとって、こうした状況はひときわ厳しいことを窺わせます。そうした中での書籍の万引きは、いっそう書店の経営を圧迫、悪化させています。

## 中流階級の万引き－アメリカ

　エレイン・S・エイベルソン（Elaine S. Abelson。現在アメリカニューヨーク州にある新しい社会研究学校とユージン・ラング大学の歴史部門准教授）は、『淑女が盗みにはしるとき：ヴィクトリア朝期アメリカのデパートと中流階級の万引き犯』（原文：When ladies go a-thieving: Middle-class shoplifters in the Victorian department store。椎名美智・吉田俊実訳、国文社、1992年）の中で、歴史学・社会学的視点から、19世紀半ばから20世紀にアメリカのデパートに出現した中流階級の女性による万引き犯罪を丹念に検証しています。

世界最初のデパート（百貨店）といえば、1852年にフランス・パリに開店した「ボン・マルシェ」が有名ですが、当時、鉄道の発展や産業革命に伴って、都市化が進行し人口が都市に集中するようになり、パリやロンドン、ニューヨークなどの大都市にデパートが隆盛するようになります。これらのデパートは従来の小売店とは違い、巨大な建物と派手なショーウィンドウにさまざまな種類の商品を展示・陳列して客を呼び込む手法は新しいショッピングの形態をもたらしました。作家エミール・ゾラ（Emile Zola 1840～1902）は『ボヌール・デ・ダム百貨店』（1883年）の中で、毎日「ボン・マルシェ」に押し寄せる客のさまを見て、「消費信者のための消費の大伽藍」と言いました。

　これはまた、当時の新興中流階級の女性たちに「万引き」という特殊な犯罪を誘発するきっかけにもなりました。エイブルソンは本の中で、当時の社会において、中流階級の淑女たちの万引き犯罪がどのように解釈され、位置づけられていく過程を周到に掘り下げています。当時のデパートに買い出しに行けるのは、ごく限られた中流以上の"マダム"でした。デパートでのショッピングは、彼女らにとって一つの新しいステイタス・シンボルだったのです。

　万引き者には中流階級の立派な家柄の主婦や聖職者の妻さえも含まれていました。かといって、彼女らはモノに困って万引きしているのではありませんでした。それゆえ、こうした婦人たちの万引きは法曹界や医学界で貧困下層階級の女性たちの万引きとは異なった扱いを受けました。すなわち、中流階級の女性たちの万引きは、「女性は倫理的に弱い」といった固定概念に支えられ、女性の「性」によって引き起こされる「病的盗癖症」と診断されたのです。

　エイブルソンは、膨大な資料を用いて、当時の中流階級の主婦が「なぜ」万引きをするのかという問いに回答を出すのではなく、ジェンダー（社会的・文化的性差）や社会学的視点からその原因を「女性の性」に組み込まれている過程をていねいに解き明かしています。彼女のこの研究は、フェミニズム、「万引きセレブ」、万引きの原因・社会病理など、その後の研究につながる貴重なものでした。

## 高齢者の万引きの現状

　万引きは上述のように、女性が多く、最近では高齢者、とくに女性の高齢者が増加傾向にあります。最初は注意で済んでいても、何回かくり返すと「懲役刑」（常習累犯窃盗：窃盗罪・窃盗未遂罪にあたる行為を常習的にする罪。過去10年間に3回以上これらの罪で懲役刑を受けた者が新たに罪を犯すと成立）となり、3年以上の有期懲役に処せられます（盗犯等防止法、昭和5年法律第9号）。つまり刑務所において強制労働を課されることになります。

　ですから、万引きの原因を究明し、早急に対策を立てないと、同じことがくり返されてしまいます。そのためには、家族や職場の仲間や友人とコミュニケーションを図り、ストレスを上手に解消するスキルを身につけ、相談相手を多く持つなど、健康な人間関係やつながりを構築することが万引き予防には肝心です。

　最近の万引きの傾向を調べた東京都の調査（詳細は後述）があります。

　⑴ 高齢者に増えている。万引き全体に占める60歳以上の高齢者の割合は2017（平成29）年46.2％で、この10年間でほぼ10％以上増加している。

　⑵ ひとり暮らしの社会的背景についてのさらなる考察が必要である。

　⑶ 必ずしも経済的に困っているわけではなく、貧困で食料品に困っているから万引きするのではない。

　⑷ 大型スーパー、量販店が被害にあっている。2017年の万引きの発生場所は、総合スーパーが全体の38.7％と最も多く、次いでコンビニエンスストアが17.9％、ドラッグストアが10.3％、ホームセンターが7.6％となっている。

　⑸ 被害品は少額のもので、必ずしも万引きする必要もないものが多数を占めている。被害品の種類は万引き者の年齢によって異なり、30歳未満では食料品がトップで、次が化粧品、30歳以上では食料品がトップで、次いで衣料品であった。年齢が上がるにつれて全体に占める食料品の割合が増加している。たとえば2017年の検挙した事件に係る被疑者全体では、食料品が占める割合は53.6％で、10代

が33.3％、20代が34.4％、30代が41.2％、40代が47.6％、50代が55.7％、そして60代が63.7％、70代が69.9％、80代以上が73.0％であった。

このように、万引きの理由に関しては年齢によって違いますし、また本人がはっきりした理由がよくわからない場合もあります。しかしそのほとんどは、①お金を少しでも節約したかった、②ムシャクシャしていてスッキリしたかった、③ストレスを解消するためにスリルを味わいたかった、といっています。こうした理由での万引きが、食料品が全体で約54％、高齢者では70％以上を占めています。

## 高齢者に住みにくい社会

現在、65歳以上の高齢者の割合（高齢化率）は27.7％で、2065年には38.4％になると予測されており、おおよそ国民の5人に2人が「高齢者」になることになります。実際、高齢化率が50％を超える自治体（「限界自治体」とも呼ばれる）は全国で18市町村に達し、最高は群馬県の南牧村の60.5％です（2015年国勢調査）。高齢者の数が増え続ける現在、限界自治体の数はこれからも増え続けるでしょう。

また最近、高齢ドライバーによる「交通事故」が社会問題化し、メディアでも大きく報道されています。メディアは社会的関心が高い高齢者運転の課題を積極的に取り上げ、報道するという傾向があります。それ自体は非難されるべきものではないですが、一方的な報道の視点が、社会的に弱い立場に置かれた人たちをさらに隅に追いやるようになるとすれば問題です。

たしかに、75歳以上の高齢者になると事故率は急増するものの、65〜74歳の准高齢者の事故率が10〜20代より低いことはあまり知られていません。2012〜16年の5年平均の免許人口10万人当たり死亡事故率は16〜19歳79.8、20〜24歳33.6、25〜29歳24.5に対し、65〜69歳20.2、70〜74歳23.6、75〜79歳40.4です。80〜84歳でも65.7で、10代の事故率より低いです。また自動車事故による若者の「生涯」医療・介護・福祉費は高齢者よりずっと高くつきます。

しかも、70歳未満の優良運転者の免許更新手数料2,500円と講習料500円合計3,000円。一方、70歳以上の手数料は同額の2,500円ですが、

講習料は70–74歳で5,600円、75歳以上で5,200円、さらに後者では認知機能検査料650円が加わり、総額はそれぞれ8,100円、8,350円となります。年齢層別の更新期間（70歳未満5年、70歳以上3年）を考慮すると総手数料は70〜74歳で13,500円、75歳以上で13,917円に相当し、高齢者は免許更新時に実質的に若者の4.5倍以上の諸般の手数料を支払うことになります。このことはメディアでほとんど報道されていません。

　さらに、2017年3月施行の「改正道路交通法」では、認知機能検査で疑いがある場合は、信号無視など特定の違反の有無に関わらず、医師の診断を義務づけています。若干の違いがあっても、1回約5,000円ほどかかる医師の診察・診断書料は、年金暮らしの高齢ドライバーにとって高額な負担です。とくに地方では病院や買い物に行く交通手段の確保は重要です。ですが、自家用車にとって代わる公共の交通手段の整備が十分とはいえず、こうした状況が社会的に孤立しがちな高齢者をいっそう閉じ込めてしまうことにもなります。その結果、うつ病や認知症を誘引し、さらに「自死」という最悪の結果を招くことにもなりかねません。

　万引きの加害者でもある高齢者は、一方で「オレオレ詐欺」「架空請求詐欺」「還付金詐欺」といった特殊詐欺の被害者になるリスクも抱えています。その被害額は395億円（平成29年度）ともいわれ、特殊詐欺全体のうち高齢者が占める被害件数は72.5％で、とくに70〜80代の高齢女性がそのターゲットになっています。その予防には、ここでも情報の共有と「地域」の見守りと支えが重要となります。

　高齢者の万引きという問題には、単に万引きの増加というだけではなく、それに関連した社会の病理が孤独な高齢者をさらに孤独へと押し込み、負の連鎖を招き、住みづらくさせている現状とその背景に目を向けなければなりません。

## 高齢者の万引き－東京都の調査

　日本では刑法犯認知件数は減少し、最近では戦後最少を更新するまでに至っています。しかしながら、「万引き」においては、全体としては漸減傾向にある中で、高齢者の割合が増加傾向にあります。

　東京都では、「万引き」は少年の占める割合が減少する一方で、高齢者では増加傾向にあり、今後の高齢社会の進展を考えるとこれは無視で

きない状況であるとの認識で、2016年6月に「万引きに関する有識者研究会」を立ち上げ、高齢者の万引きの実態と要因を探索しました。そこで、ここではその報告書を参照しながら、高齢者の万引きに焦点を絞って論説することにします。

東京都では、都内65歳以上の高齢者に対する調査と併せて、微罪処分者への意識調査を実施しています。高齢者の万引きの実態・背景・要因や未然防止などに関する貴重なデータを収集・分析し、2017年3月、「高齢者による万引きに関する報告書−高齢者の万引きの実態と要因を探る−」（http://www.metro.tokyo.jp/tosei/hodohappyo/press/2017/03/23/documents/20_01.pdf）を公表しました。このような調査研究はきわめて稀で、それが公表された意義は非常に大きいと思います。

## 万引き高齢者に対する初期対応の重要性

東京都の調査は、「高齢者の万引きに関し、一般高齢者との違いや成人被疑者との比較などを踏まえ、高齢者の万引きに関する実態や要因などを把握し、万引き防止の手掛かりを得る」ことを目的として、万引き被疑者（20歳以上）、万引き経験者（65歳以上）、および一般高齢者（65歳以上）を対象に「郵送配布、自記、郵送返却方式」で行われました（2016年10月）。そこで、ここではこの調査データを用いて、高齢者が万引きを行う背景や要因などを探ることにします。

東京都内における万引き被疑者の処分・送致区分は、高齢者では書類送致（簡易）が47.4％と最も多く、次いで微罪処分（検察に送致されることなく、警察の段階で手続きが終了となる処分）が34.7％となっています。

「初めて検挙された時の処分をどう思ったか？」の問いに、高齢者では「意外と軽かった」22.2％、「何とも思わない」が33.3％で、「厳しく受け止めた」31.9％と回答しています。これを年齢別にみると、「意外と軽かった」では高齢者が22.2％、少年では8.3％、成人では14.6％でした。「厳しく受け止めた」では、いずれの年齢層でも約3割でした。

「意外と軽かった」と回答した高齢者が多いということは何を意味するのでしょうか……。この数字から窺えることは、万引きで最初に検挙

された時の処分に、55.5％の被疑者高齢者は必ずしも罪を重く受け止めていないことです。その初めての処分への対応の甘さが、万引きの再犯、習慣化そして常習化につながっているとも考えられます。同報告書には、平成28年に捕まった高齢者の万引き犯のうち、じつに58.7％が「過去にも万引きで捕まったことがある」ことが記載されています。そのうえで、再犯率の増加の原因は社会的なサポートの不十分さや、逮捕されるリスクに対する認識不足などを指摘しています。

　また同報告書では、高齢者の万引き犯が増えている背景として、認知症などによる認知機能の低下のほか、家族とのつながりが薄いことによる経済的・心理的なサポートを受けられていないことや、万引きによって捕まるリスクを甘く考えていることなどが要因として挙げられています。

### 万引き高齢者の特徴

　上述の東京都の調査から、高齢者の万引きの原因をさらにつまびらかにしてみましょう。

　この調査から、万引き高齢者には、①万引きの履歴があるがしばらく中断していて高齢期になって再び万引きする者（復帰組）、②前から万引きをくり返している者（継続組）、③高齢期になって初めて万引きする者（新規組）の3つのグループに大別されることが分かりました。

　また、本調査では、一般高齢者1,336人（回収率66.8％）からも回答がありました。そこで、ここではとくに万引きで捕まり微罪処分となった65歳以上の「高齢被疑者」（n=56人）と、有効回答した「一般高齢者」（n=1,322人）との間での比較を中心に要約します。

　東京都の調査は、微罪処分者、つまりこれまで犯罪者として取り扱いを受けてこなかった「初犯者」を対象としています。基礎調査によると、万引きで捕まり微罪処分となった高齢被疑者（65歳以上）は、無作為抽出された一般高齢者（65歳以上）と比べて、

　(1) 日常生活において、①家族や地域から生活に関する情報入手が少ない、②メールやインターネット、SNSの利用状況が低い、③家族との会話・連絡の程度、近所付き合い、他者との会話が低い、④借金には大きな差異はない。

⑵ 認知機能の低下を疑わせる回答が多い。

⑶ これまでの人生で楽しかったとき（幼少、学生時代、結婚、働いていたとき、子ども・孫が生まれたとき、家を買ったとき、今など）、いずれにおいても回答の割合が低い。とくに「今」に対して被疑者は7.3％（一般40.2％）と低率。

⑷ 支援してくれる人（話・相談を聴いてくれる、生活費・借金、身の回り、気持ちの支え、必要な情報など）において、「誰もいない」が圧倒的に高い。本人が『孤立』を認識しているか否かは別として、『孤立』している状況に置かれている割合が高い。

⑸ 関係性の変化（友人・知人、子ども・孫、近隣者）については、関係性がもともと希薄であった割合や希薄になった割合が高い。

⑹ 不安感（体力、容姿、将来の生活など）において、体力・容姿の衰えおよび将来の生活への不安感を実感する割合が高い。

⑺ 自己効力感（ある状況において、自分がうまく遂行できる可能性の認知）が低い。

⑻ セルフコントロール（自分の意思や感情や欲望を制御する自制心）が低い。

⑼ 自分が日本の社会で低い層に属していると回答した割合が高い。

⑽ 「離婚・死別」による独身の割合が高く、最終学歴としての「大卒」の割合が低い。また収入はやや低いものの、生活保護受給「なし」および借金「なし」はいずれも90％以上である。

などの傾向が見られることが分かりました。

　さらに、この調査に参加した辰野文理氏は、これらの要因をクラスター（集合体）として分析した結果、高齢万引き被疑者群の特徴として、「人生不幸群」と「他に転嫁群」が確認されたと報告しています。「人生不幸群」は、実際には生活困窮は見られないものの、自分の暮らしへの評価が低く、万引きの原因は「自分にある」と思っている人たちです。この群の人たちはそう思いつつも、体力に自信がなく、その状況から抜け出せないでいます。万引き予防のためには、本人の認知を変えることが有効です。

　一方の「他に転嫁群」は、「暮らしぶりへの評価や規範意識は低くないが、万引きの原因が店や社会にもあると考える傾向があり、責任を転

嫁したり自己を正当化したりする意識が高い」ことから、上述した「中和の技術」で説明できるかもしれません。辰野氏は「こうした群は、万引き結果を甘く考えている可能性があることから、初期の段階から、自分の行為が生む結果について自覚を促す必要がある」と警告しています。

## 高齢者の万引きの要因

　また、高齢者の万引きの要因を、①経済的要因、②身体的要因、③周囲との関係性から分析している研究もあります。

　「経済的要因」の背景には、現在の65歳以上の高齢者の時代背景を考える必要があります。筆者を含め、これらの高齢者は「第一次ベビーブーム」（あるいは団塊の世代、1947〜1949年ごろ）に生まれ、日本の経済成長を支え、高度経済成長期に人格が形成された世代です。この世代の世帯状況を見ると、核家族化や少子化などによる家族形態の変化に伴い、高齢者の“単身世帯”の増加、そして退職に伴う収入減、長寿化に伴う退職後の老後期間の長期化に対する生活設計の不安があります。また、100年を生きる「人生設計」が問われるいま、時代に即応した福祉サービスが自分たちの時代には構築されないのではないか、という疑念が高齢者の生活設計を不安なものにしています。かといって、高齢万引き被疑者のうち「生活保護受給者」はほぼ2割で、生活困窮が万引きの原因ではないようです。

　「身体的要因」の背景には、人間は加齢とともに心身の機能が低下します。結晶性一般能力（結晶性知能：過去の経験が土台になる専門的または個人的な能力）は高齢期なっても衰えることが少ないものの、流動性一般能力（流動性機能：新しい場面への適応に必要な能力）は加齢の影響を受けやすい。それに加えて、視覚や聴覚などの感覚器官の老化や記憶に関する機能低下など、認知機能が低下します。

　「周囲との関係性」の変化の背景には、人口学的変遷に伴う少子高齢社会、核家族や少子化、高齢者の独居、地域コミュニティの結び付きの希薄さなどがあり、周囲との関係性の変化が加速するなかで、高齢者は孤独や孤立におちいり、そのストレスから万引きという行動に誘引されるのかもしれません。

「高齢者の万引きの実態と要因」に関する東京都の基礎調査で用いられた9つの質問があります。万引きが起こるのは、①盗む人に原因がある、②家族やまわりの人に原因がある、③店に原因がある、④社会に原因がある、⑤万引きは見つからない、⑥出来心でしてしまう、⑦気づいたら万引きしていた、⑧店に金を払えば許される、⑨昔なら見つかっても警察には通報されなかった、という設問に対し、被疑者（高齢者）は次のように答えています。

(1)「万引きが起こるのは、あくまでも盗む人に原因がある」との質問に、被疑者は「とてもそう思う」と回答する割合が高かった。

(2)「家族やまわりの人にも原因がある」との質問には、「まったくそう思わない」が最も高く（57.4％）、一般高齢者では「ややそう思う」がトップで36.1％であった。

(3)「店にも原因がある」については、被疑者では最も高く（59.3％）、一般高齢者の18.0％に比べて3倍も高かった。

(4)「社会にも原因がある」については、被疑者では「まったくそう思わない」が55.6％で最も高く、一般高齢者では「どちらとも言えない」「ややそう思う」の割合が高かった。

(5)「ほとんどの万引きは見つからない」については、「まったくそう思わない」と回答した割合は被疑者が高かった。

(6)「万引きは、出来心でしてしまうものだ」については、被疑者では一般高齢者に比べて「とてもそう思う」「ややそう思う」と回答した割合が高かった。

(7)「気づいたら万引きをしていたということがあるものだ」については、被疑者は「とてもそう思う」「ややそう思う」と回答した割合が高かった。

(8)「お店にお金を払えば、万引きは許されると思った」については、「まったくそう思わない」「ややそう思う」と回答した被疑者はそれぞれ68.5％、13.0％、一般高齢者では83.4％、1.3％であった。

(9)「昔なら、万引きは見つかっても警察には通報されなかった」については、「まったくそう思わない」は両群でほぼ同じであるが、被疑

者では「どちらとも言えない」「とてもそう思う」に回答した割合が
高かった。

　これらの結果について報告書は、「被疑者群の方が一般人と比べて
『社会的に望ましい回答』を選択している割合が高いが、警察署での回
答であることや捕まった直後で反省していることなどが考え得る」と分
析しています。また「規範意識」については、高齢者の被疑者と一般人
の間で大きな差は認められなかったものの、万引きは「出来心でしてし
まうもんだ」「気づいたらしていたということがあるもんだ」と回答し
ている割合は被疑者群が数倍高かった。ここに万引き初心者（被疑者）
の特徴が見て取れます。

### 高齢者の万引きの予防因子

　高齢被疑者（万引き初犯者）は、自分の暮らしぶりを「苦しい」と感
じており、自らを社会の「下」のレベルに位置していると思い、加えて
体力・認知機能が低下していると回答しています。さらには、他者との
関係性が低く、社会や家族のネットワークから孤立している姿が浮かび
上がってきます。

　こうしたデータから、万引き高齢者は社会にとって特別危険な存在で
はなく、たまたま社会的に弱い立場に置かれ、個人的・社会的なさまざ
まなゆがみの中で身動きがとれず、もがき苦しんでいる姿が浮かび上
がってきます。

　社会のセーフティーネットから漏れる人はどこの社会、年齢層にも存
在します。だからといって、「万引き」を肯定する理由にはなりません。
ただ、彼ら高齢被疑者は社会資本が希薄で、社会的圧力や危機に対して
相対的に高い割合で曝されています。そうした要因が彼らをして「万引
き」へと誘引している可能性があります。

　したがって、万引き高齢者は社会に対する加害者であるというより
も、社会の制度のゆがみの中でもがき苦しむ“犠牲者”と捉えて、彼らに
対する対策を講じることが重要となります。そのためには、万引き高齢
者の「更生」よりも、彼らをして“万引きさせない”予防対策に重点をお
きつつ最初に検討されるべきです。

　東京都の調査から、高齢者の万引きを「予防する要因」、つまり万

引きのリスクを抑える因子「プロテクティブファクター（protective factors）」が見えてきます。

　⑴ 活発な近所付き合い。

　⑵ 友人・知人による情報面でのサポート。

　⑶ 家族による情緒的・情報面でのサポート。

　⑷ 家庭を築いてからの幸福体験。

　⑸ 子どもや孫との同居。

　⑹ 経済的改善。

　こうした要因が、高齢者を取り巻くセーフティーネットを充実させ、個人だけでなく社会全体のつながりを強化し、「孤独」にさせないことが万引きさせない大きな予防策であることが示されました。

### クレプトマニアと治療的司法

　手元にお金が十分にあるのに万引きしてしまう。わずか数百円のものをくり返し盗む。盗んだ物に大して関心を持たない。窃盗後は、盗んだものを放置したり、一度も使わずに捨ててしまうこともある……。いわば「盗む」こと自体が目的であるこうした窃盗行為を衝動的・反復的に実行することを「窃盗症」あるいは「クレプトマニア」と呼んでいます。「病的窃盗」とも呼ばれる精神疾患のひとつです。

　この「クレプトマニア」の治療には、刑罰よりも再発防止に向けた「治療的司法」が注目され、世界的に普及しつつあり、多くのクレプトマニアの人たちがこの恩恵を受けています。

　成城大学（東京都世田谷区）は最近（2017年）、「罪を犯した人に対してその原因となった依存症などの問題への対処を支援して再犯を防ぐ『治療的司法』のことについて調査・研究する日本で初めての専門研究機関『治療的司法研究センター』を設立」しました（http://www.seijo.ac.jp/research/rctj/）。

　アメリカを初めとする先進諸国と違って、日本ではクレプトマニア・薬物・アルコール依存症などに対して「刑罰」に偏っている傾向が強いといわれます。そうした現状について「もちろん刑罰による犯罪抑止効果を否定するものではないのですが、現在、世界各地で刑罰では抑止できない行為を色々な科学的知見に基づく治療法や解決法によって抑止す

る機会を司法制度の中に取り込む工夫が進められている」といいます（治療的司法研究センター）。

　日本の刑務所での「処罰」は、常習化あるいは嗜癖化していない犯罪者の犯罪再発防止には有効ですが、常習化・嗜癖化している人たちにはその効果が薄く、逆に厳しい監視や作業などは問題行動を増強させるとも言われています。そういう意味でも「治療法学」（Therapeutic Jurisprudence）の考え方のもと、治療的司法制度を総合的に研究・調査する機関ができたことは歓迎すべきことです。

　センター独自の調査・研究はもちろんのこと、薬物やアルコールなどの依存症の治療・再発防止に積極的に取り組み、ノウハウを蓄積している民間とも連携し、この新しい視点から日本で増加傾向にある「再犯の防止」に貢献することを期待します。

　クレプトマニアや薬物依存症などに苦しんでいる人たちの更生のためには、彼らが抱える「依存症」に対して的確な医学的治療を施すとともに、彼らの諸々の生活上の問題を注意深く、慎重に、そして抜け目なく解決していくことが結果的に彼らの再犯防止につながります。

### 「処罰から治療へ」

　いま、「処罰から治療へ」と考え方が変わってきています。先進国では、薬物依存症者を対象にした「ドラッグ・コート（Drug Court）」、精神障がい犯罪者を対象にした「精神障がい者コート（Mental Health Court）」、DV加害者を対象にした「DVコート（Domestic Violence Court）」など、「問題解決型司法（problem solving court）」がデザインされ、実践されています。これは処罰ではなく、治療（トリートメント）を提供することを目的としたもので、社会復帰を重視した制度ともいえます。

　万引き依存症に対しても「クレプトマニア・コート（Kleptomania Court）」のように「刑罰（処罰）と治療」がセットになった処遇が盛り込まれれば、再犯率が確実に下がることが期待できますし、万引き高齢者や各種の障がい者の再入率・再犯率の低下につながる効果も期待できます。そのためにも、「処罰しか与えていない」わが国の司法の在り方を再考するためにも、早急に司法制度を総合的に改善する試みを期待

するものです。

## 万引き防止ー課題と展望

　万引きの発生を抑えるためには、「予防から治療まで」の一貫したアプローチが必要です。

　まず第1に、人を万引きの道に行かせない。すなわち「万引きを予防する」ことです。万引きという罪に手を染める前に、いろいろな対応を施して思いとどまらせることです。（具体的方法については別掲）

　第2に、「万引きをした者（初犯者）に対する適切な対応」です。初犯者には多様な人たちがいますので、それぞれの特徴を把握しながら、可能な限り個々に適した対策を取ることが必要。初期対応を間違えると、それが裏目に出て、再犯に、そして常習犯につながる可能性もあります。とくに、初犯者には自分の犯罪を甘く見たり、その結果を過小評価する傾向があり、罪の認識が希薄なケースもあります。再犯を避けるためには、万引きの結果について本人にきちんと理解してもらい、その時点で改心させる積極的な指導をすることが重要です。

　第3は、「万引きをくり返し行う者への対応」です。万引き常習犯に対しては、社会心理学見地ならびに医学的アプローチでその原因を徹底的に調査し、「治療」を継続するプログラムが必要です。それを持続的に支えるハードおよびソフトの両方の整備も併せて進めること、さらに万引き防止のための環境づくりが必要です。これについては後述します。

　万引き防止には、万引きする人（窃盗犯）の教育ももちろん重要ですが、店舗や住民などからの積極的な関与もその防止に大きく貢献します。神奈川県警察ではこの視点（ハードとソフトの両方の面）から、万引きを防止するための環境づくりに向けて「万引き防止のガイドライン」を作成し、万引き防止対策を促進しています（https://www.police.pref.kanagawa.jp/mes/mesd0111.htm）。

　その背景には、刑法犯認知件数が減少しているなかで、「万引き」は、①高止まりの状況で推移していること、②その検挙被疑者は少年から高齢者（万引き老人）まで各層に広がっていること、③書店などの店舗の経営不振を招いていること（万引き倒産）、④青少年の健全な育成を阻

害していること、⑤最近では転売目的として外国人グループによる組織的な集団万引き（高額商品を狙った「リーダー、実行犯、見張り役」などの役割が決められた組織的な犯行）が増加していること、などなど、日本の社会の規範意識の低下ならびに人間の移動のグローバル化などがうかがえます。

　神奈川県警察ではこれらのことを鑑みて、万引きを発生させないための環境づくりを促進するため、きめ細かなガイドラインを作成し、万引き防止の対策を促進しています。たとえば、①百貨店やスーパーなどにおける「防犯上のガイドライン」、②コンビニエンスストア・ドラッグストアなどにおける「防犯上のガイドライン」と環境に対応したガイドラインを提示しています。また、それぞれの「防犯体制自主点検表」（印刷用および携帯用）を作成し、関係者のチェック体制の強化を促しています。

### 矯正就労支援情報センター

　現在、日本の産業界は働く人材が不足し、深刻な問題を抱えています。この人手不足解消のため「出入国管理及び難民認定法及び法務省設置法」の一部が改正されました。（平成30年12月14日公布。いわゆる「改正入管難民法」、平成30年法律第102号）。この改正法は、在留資格「特定技能1号」、および「特定技能2号」の創設、出入国在留管理庁の設置など、これまで認めてこなかった単純労働に門戸を開くという、日本の外国人労働者をめぐる大きな政策転換となります。

　一方で、家族を帯同できない、外国人を"モノ"として見ている、外国人労働者の受け入れ枠を拡大すると犯罪が増えるのではないか、などの種々の問題が危惧されています。

　建設業など人手不足が深刻な業界において、文化が同じで日本語が通じる出所者のほうが「外国人より使い勝手がよい」との声も現場から聞こえてきます。

　法務省もこれを好機と捉えて、関係団体と連携し、出所者の就労の後押しに乗り出しています。その一つが「コレワーク」（矯正就労支援情報センター）です。コレワークとは、前科があるという理由などから仕事に就くうえで不利になりがちな受刑者などの就労を支援するために設

置されたもので、いわば一般の人たちの「ハローワーク」(公共職業安定所)のような施設です。コレワークでは受刑者等専用求人を出すに当たって必要となる、受刑者・在院者の雇用を希望される事業主の方に対し、①雇用情報提供サービス、②採用手続き支援サービス、③就労支援相談窓口サービスの3つのサービスを提供しています。

「コレワーク」は2016年4月に、大阪市とさいたま市に開設されており、問い合わせが急増しているとのことです。また、「協力雇用主」(第3章)のところで紹介した「北洋建設」の小澤氏も、札幌市にも設置されることを望んでいます。法務省と関連企業とのさらなる密な連携によって、「更生してくれることが会社の力になる」(小澤氏)と同時に、日本の再犯防止に大きく貢献することが期待されます。

　出所者の「再犯防止」のためには仕事の確保が不可欠です。かといって、出所者は前科もちの特殊な集団であり、彼らに対する社会の偏見・差別の目は厳しく、しっかりした「再犯防止や更生支援の視点なし」には雇用の継続は難しい。まして「安い労働で使える出所者」という考え方では、彼らに雇用主の本心がすぐに見破られ、雇用は長続きしないことは確かです。

## 認知のゆがみが行動に現れる

　同じ情報に接しても人によってそれぞれ行動が違うのは、「その人のその時の状況(心身の状態)によるものの捉え方」が影響しているからです。つまり、その人の判断と行動にもっとも大きな影響を与えるのが「ものごとの捉え方＝認知」ということになります。

　認知機能とは、情報を収集することを意味しているのではなく、「情報処理」することを意味しています。つまり、認知機能とは「自己の生存にとって最適な行動をとれるように外部の環境や自分の心身の状態に気づく機能」ということになります。そして「自分の最適な行動をとれる機能」、いいかえれば「自己の幸せや満足を満たすための機能」ともいうことができます。

　人は、ものの見方、ものごとの捉え方(認知)のゆがみがあると、それが原因となって行動にも異常が現れます。この認知のゆがみを修正し、学習理論にもとづいて行動を修正する。それが「認知行動療法」

（Cognitive-Behavioral Therapy）です。認知行動療法は、ものごとを解釈したり理解する仕方を修正する認知療法と、学習理論にもとづいて行動を修正する行動療法を統合した療法ということになります。

　前述の「高齢者の万引きの実態と要因」の項でみた、「万引きの原因」を、①盗む人に原因がある、②家族やまわりの人に原因がある、③店に原因がある、④社会に原因がある、⑤万引きは見つからない、⑥出来心でしてしまう、⑦気づいたら万引きしていた、⑧店に金を払えば許される、⑨昔なら見つかっても警察には通報されなかった……。これらの質問にすべて「イエス」（肯定）と答えたら、その人は犯罪に対する考え方・捉え方（認知）にゆがみ（異常）があるといえます。この認知のゆがみが「万引き」という異常な「行動」を惹き起こしていると見ることができます。そして、その歪んだ認知を自ら修正することで、よりよい行動に移す。いいかえれば「ものの見方や考え方（認知）の修正によって行動（万引き）の変容をはかる」、それが再犯防止につながることがわかってきました。

## 認知行動モデルに基づいた更生プログラム

　受刑者（犯罪者）の更生プログラムには「認知行動モデル」が効果的であることが知られています。

　犯罪者的考え方（思考）には特徴的なものがあるといわれています。そのもっとも顕著な特徴のひとつが、「認知」のゆがみです。たとえば、自分を正当化する考え（自己正当化思考）、家族以外の人とのコミュニケーションからくる誤解（社会的刺激の誤解）、自分のとるべき責任を他人になすりつける（責任転嫁）、社会的・道徳的思考の欠陥など……。その結果、「万引き」（行動）という即時的な満足を求めてしまうともいえます。

　堀越勝は、「受刑者に対する認知行動モデルに基づいた介入」という論文の中で、「犯罪者的思考は、自分たちの反社会的行動が、どうして、自分たちの問題の原因になっているかを理解せず、自分たちのことを、憎まれてまではいないまでも、不公平な非難されている、あるいは、社会から追放されている（「みんなが自分に敵対している」「社会は自分にチャンスをくれない」）と見る「被害者的スタンス」と結びついている

ことが多い。こうした犯罪者的思考は、反社会的な下位文化（たとえ
ば、街あるいは刑務所での掟）に彼らが取り込まれていることによって
も強化されている。こうした反社会的下位文化では、そこでは、人がど
う振る舞うべきかに関し、（それ以外の場所では）不適応をもたらすよ
うな前提（たとえば、「ちょっかいを出されたら罰を与えなければなら
ない、さもないと尊敬されない」）が、実際、適応的であることがある」
と指摘しています。

　こうした犯罪者の特徴である「認知」の欠落およびゆがみは生来（生
まれつき）のものではなく、生きてきた過程の中で習得した、学習され
たものとの前提から、「犯罪者が欠いている認知スキル（技術）を形成
し、犯罪者の思考が偏るかゆがんでいる部分の認知を再構成する」こと
を目的として、受刑者の社会的スキルの向上、道徳の発達、再発予防に
つなげる。それが「認知行動モデル」に基づいた更生プログラムです。

　そこで、ウェクスラー（Wexler、1998）による再犯の防止に役立つ
と思われる矯正教育プログラムに共通した7つのポイントを挙げておき
ます。

　(1) 犯罪発生の原因についての明確なモデルが示され、そのモデルに
　　則った再犯防止プログラム、またはサービスが効果的に機能してい
　　る。また、これらのプログラムは、適切で明確な科学的データによっ
　　て実証されている。

　(2) 犯罪歴、その他の情報に則した再犯リスクのアセスメント、また、
　　その情報に応じたレベルのプログラムやサービスに受刑者を配置する
　　ことが重要であることが認められている。

　(3) 犯罪を犯す必要性、特に再犯リスクファクター（態度、犯罪仲間
　　の影響、スキルの不足、薬物依存傾向、セルフコントロール問題）に
　　ついての確かなアセスメントが再犯防止には不可欠。

　(4) 再犯防止に効果を上げているのは、活動的で、問題焦点型、参加
　　型の内容、受刑者の性質に合わせてスタイルを変化させることができ
　　る方法を持ったプログラムで、同様の原則を用いたサービスも効果を
　　上げている。

　(5) 効果的な方法とは、目的が明確でわかりやすく、受刑者のニード
　　に合ったもので、訓練された技術とプログラム構成を提供できるス

タッフが必要となる。

⑹ 最も安定した効果を生んでいるのは、認知行動モデルに基づいて構築されたプログラムで、受刑者が犯罪を犯した時の考え、感情、また行動の関連性を理論的に、また行動的に焦点を当てたものである。

⑺ サービスは適切で充分な訓練を受け、十分な資源を持ち合わせた人材によって提供される必要がある。こうした人材は、常に目的に目を向け、対象に適切な方法を柔軟に選択し、参加者の進歩状況についての評価を考慮し、また全体的に進捗状況を判断することができる。

(出典：Wexler, J.T.: How the law can use what works: A therapeutic jurisprudence look at recent research on rehabilitation. Behavioral Sciences and the Law, 15:368-369, 1998.)

　この7つのポイントを要約すると、①プログラムの目的がはっきりしていること、②十分な訓練を受けたスタッフによって実施されていること、③認知行動モデルに基づいたプログラムであること、④対象者に合わせたプログラムであること、⑤科学的証拠に基づいたプログラムであること、などです。海外では、この認知行動モデルを基礎としたプログラムが奏功していることが報告されていることから、日本においてもこうした科学的なプログラムを積極的に導入する体制づくりが急がれます。

　人はさまざまな理由で犯罪を起こします。それゆえ、その予防方法も多種多様です。罪を犯す人には、その人たち特有の思考の偏りや行動パターンがあります。思考が変化しなければ行動も変わりません。まずはその考え方を変えて行動を修正することが再犯防止には重要なのです。

### 「更生の社会化」－塀のない刑務所

　ノルウェーでは、障がい者の福祉の観点からスタートしたノーマライゼーションやインテグレーションの概念に基づいて、被収容者の更生のための一般社会の中での更生プログラムが盛んです。つまり「更生の社会化」が進んでいる。

　一方、日本はというと、刑務所内は「時間」と「空間」を厳しくコントロールされています。日本の刑務所は、受刑者から空間と時間の自由を奪う「自由刑」を課し、塀の中で決められた時間に単純作業をし、受

刑者間や受刑者と刑務官との会話も禁止され、完全にロボット化されています。そのため、受刑者の自立心と協調性は育たず、スムーズな社会復帰が妨げられています。こうした日本の非人間的な収容や作業は、人権や尊厳の課題だけでなく、更生の観点からも非効率的だと、多く指摘されています。このように、日本の刑務所は功利主義の色彩が強く、受刑者に厳しく迫り改心と反省を促すことで再犯を防止しようとする傾向があります。

　しかし、そうした日本の刑務所内での更生プログラムとは対照的に、世界的な矯正教育の潮流は、社会復帰を目指したリハビリ色の濃い矯正教育プログラムの実施へと移行しつつあります。上述のノルウェーでは、島で受刑者が農家とともに農業に従事し、地域社会での生活パターンに限りなく近い環境において、自己管理しながら更生のプログラムに参加する矯正教育がなされています。その成果もあって、再犯率は日本の半分以下です。またイタリアでは、受刑者が調理や接客をするレストランに一般の客が訪れます。会話しながら共同作業で食事を提供し、「上手だ」「おいしい」と褒められることで、受刑者は社会生活のスキルや自信を手にすることができます。

　ドイツの哲学者ヘーゲル（G.W.F.Hegel 1770〜1831）は、「人間的欲望の本質は自由である」といいました。私たちは、誰しもが「自由に生きたい」と願います。それゆえに、受刑者も自由を求めて「脱獄」を妄想し、それを実行します。

　2018年4月、刑務所から一人の囚人が脱走して、日本中が大騒ぎとなりました。しかもその刑務所は、日本で4カ所しかない“塀のない刑務所”である「大井造船作業場」（正式には松山刑務所大井造船作業場。1961年開所）でした。大井造船作業場は、一般刑務所より拘束が少ない、自由度が高い刑務所として知られています。外塀や鉄格子もなく、寮の出入りは自由で、部屋にもカギがなく、社会生活と似たような開放的な環境で、「再入率」は、全国の刑務所の平均再入率（43％）の3分の1以下という優良施設です。

　日本の刑務所では更生よりも、被収容者の管理、つまり脱走予防に細心の注意が払われます。その中での脱走劇でしたから、地域住民はもちろんのこと、社会全体としても「青天の霹靂」でした。

この脱走事件は、「大井造船作業場」という、いわば「更生の社会化」ともいわれる秀逸な刑務所で、あと数カ月で出所できる模範囚が起こしたことから、その背景に何があったのかが問われました。そこには、日本的な厳格な管理（軍隊以上ともいわれる）、刑務官からのいじめ、ハラスメント、（刑務官から被収容者への）絶対的な上意下達、それに付随するコミュニケーション不足、自己否定につながる排他的態度など、一般社会の日本的「文化」が刑務所内にも浸透し、模範犯さえも耐えるに耐えられない実情があった、というのが真相のようです。

　この事例から見てわかるように、その国がかかえる病巣や、社会が共有する価値観・文化などが如実に現れる場所が刑務所なのです。そして今日、日本において看過できないのが被収容者の高齢化です。少子高齢社会の流れを受けて、いまや刑務所内では、通常の社会の高齢化のスピード以上に高齢化が進んでおり、高齢者の「再犯率」「再犯者率」＊が上昇し、再犯防止が大きな課題となっています。

　更生のためには、本人の努力はもちろんのこと、住民一人ひとりの協力や支援、そして社会全体の寛容さが必要です。その観点からも「大井造船作業場」のような施設運営は貴重で、こうした更生モデルは世界的な流れであり、より開かれた社会の中で展開しようとする、積極的な「更生の社会化」ともいえます。

　　　　　　＊「再犯者率」と「再犯率」「再犯者率」は検挙人員に占める再犯者の
　　　　　　比率。「再犯率」は犯罪により検挙された者が、その後の一定期間内に再
　　　　　　び犯罪を行うことがどの程度あるかを見る指標。

# 第9章 大学生の刑務所に関する意識調査

その結果から見えてくるもの

玉城英彦

## 調査の概要

　私たちが知る限り、日本の大学生における「刑務所に関する知識」の調査はありません。学校教育において、刑務所に関する教育はほとんど実施されていませんので、一般の人たちの刑務所に関する知識はきわめて低いことが推測されます。刑務所に関する無知がそれに対する偏見を助長し、結果として被収容者や満期受刑者、仮出所者らを一般社会から追い出し、行き場のない状態にして、彼らの社会復帰を妨げ再犯を押し上げている背景があります。

　刑務所や被収容者、元受刑者らについてまず知ることが、安心・安全で暮らしやすい地域を構築する基本となります。彼らの努力だけでは、犯罪・再犯の防止は難しいのです。地域社会が、私たち一人ひとりが彼らのことをよく知って、彼らを受け入れない限り、状況の改善は望めません。

　そこで、北海道大学の教養科目を受講している1・2年生を対象に、刑務所全般を問う調査を実施しました。調査項目は、刑務所を外から見たことがあるかどうかから、受刑者の刑務所内での生活、受刑者の罪名、再入者率、死刑制度まで、24問でした。

　調査は2つの授業（工学部と理学部）の後に、担当の教員が調査の概要を説明し、協力を依頼しました。調査に協力することが調査に同意することとし、協力しないオプションも説明しました。その結果、受講生全員213人から回答が得られました。なお、調査については、大学の倫理委員会の承認を得て実施しました。

## 調査の結果

【まとめ1】「刑務所を外からも見たことがない」学生が約6割、その中を見学したことがない者の割合は9割以上でした。一方で、刑務所の中を「見学したい人」の割合は約7割です。また、身近な人で「刑務所に入所した経験のある人」を知っている割合は5％未満でした。これらの質問に対して、とくに男女の違いは認められませんでした。
【まとめ2】「受刑者は自分の好きな服を着ることができない」という問いに、正解した者の割合は男女とも9割を超えていました。

受刑者が摂る「1日の副食費」は、400〜599円です。約3〜4割の学生が正解でした。男性の方がやや正解率は高かったが、男女間に有意な差は認められませんでした。受刑者の食事の調理は「受刑者」自身で行なっています。「外部業者が行なう」と答えた学生が多く、ほぼ5割で、正解の割合は約2割でした。

【まとめ3】　受刑者は「自分の部屋で自由時間にテレビを観ることができる」と正解したのが5割、「インターネットへのアクセスは禁じられている」の正解は7割でした。また、受刑者は「週に何回入浴することができるか」の正解率は約3割でした。

【まとめ4】　受刑者は特別な場合を除き、医療費の自己負担はありません。「負担していない」と正解した割合は総数44.8％（男性46.5％、女性39.6％）でした。また、受刑者が刑期中に「出産した子どもを刑務所内で養育することができる」と思うと答えた人の割合は30.2％、逆に「思わない」と答えた人の割合は60.4％で、9.4％の人は「分からない」と回答していました。正解は「養育することができる」です。

【まとめ5】受刑者の罪名のうち、最も多いのは「窃盗罪」です。これに対して正解を回答した学生の割合は総数33.5％で、男性36.5％、女性24.5％で、男性の正解率がやや高い傾向にありましたが、その分布に男女間に有意な差は認められませんでした。また、「覚せい剤取締法違反」で入所している人の割合は、近年では10〜29％で、学生の約5割が正解でした。女性ほど高いほうに回答する傾向があり、この質問に対する回答だけが唯一、男女間で有意な差が認められました。たとえば、女性ではその割合を30〜49％と回答した者が28.3％で、男性の12.5％に対し、2倍以上でした。

　「再入者率」（以前にも入所していた人の割合）は50〜69％です。正解者の割合は24.9％、4人に1人でした。回答が多かったのは30〜49％の欄で40.8％、0〜29％の欄で23.5％でした。男女ともほぼ同様な傾向が見られました。

　「窃盗罪で受刑し出所した人のうち、出所後5年以内に再び同じ罪名で入所する人の割合は近年どのくらいだと思いますか？」の質問に対して、20〜39％および40〜59％の欄に回答した者の割合が多く、それぞれ32.5％および32.1％でした。正解の「60〜79％」と回答した者はほ

んの12.3%でした。女性が男性に比べてやや高い割合に回答する傾向が見られたが、男女間に有意な差はありませんでした。

「覚せい剤取締法違反で受刑し出所した人のうち、出所後5年以内に再び同じ罪名で入所する人の割合は近年どのくらいだと思いますか？」の質問に対して、60〜79%の欄が最も多く32.5%で、正解の「40〜59%」の欄に回答した者の割合は29.2%でした。「80%以上」と回答した者の割合も22.2%と多く、概して男女とも、窃盗罪よりも高い割合を選択する傾向が認められました。

【まとめ6】 刑務所の目的として「更生」と回答した人の割合は、総数で51.7%（男性50.6%、女性54.7%）、「罪の報い」が25.1%（男性22.3%、女性34.0%）、「社会の安全確保」が16.1%（男性19.0%、女性7.5%）でした。男女間に多少のバラつきはあるものの、全体としては男女間に有意な差は認められませんでした。また、刑罰を科す罪の目的として、軽犯罪では「更生」が総数で56.4%、重犯罪では22.2%でした。反対に「罪の償い」は前者で23.7%、後者で34.9%で、重い犯罪に対しては軽い犯罪よりも「罪の償い」を選択する学生の割合が高い傾向にありました。また、「社会の安全を守る」と回答した学生の割合は、軽犯罪7.1%から重犯罪34.9%と5倍に増加し、「罪の償い」と同じ割合でした。

【まとめ7】 男女ともほぼ7割の学生は、これまでに刑事裁判の採決に「関心を持った」と回答しています。

【まとめ8】 死刑廃止に賛成する割合は、「消極的ながら廃止すべきである」の16.0%を合わせると22.6%、「消極的な維持派」45.5%を含めると死刑を「廃止すべきでない」者の割合は72.3%で、「死刑維持派」は「死刑廃止派」の3倍以上を占めています。男女間に有意差はないものの、男性の学生ほど、「廃止すべきでない」と回答する割合が高い傾向にありました。

「死刑廃止論派」48人では、廃止すべき理由として「生きて罪の償い」が最も多く35.4%、次いで「裁判の誤り」31.2%でした。男女間に有意な差異はないものの、女性は男性より「生きて罪の償い」の割合が高く、逆に男性は女性より「裁判の誤り」のほうが多かった。また「国家に人を殺す権利はない」は、男性では11.4%、女性では23.1%でした。

一方、全体の約4分3を占める「廃止すべきでない」と回答した者では、その理由として最も多かったのが「命をもって償うべき」で、全体で31.1％（男性33.0％、女性24.2％）、次いで「被害者やその家族の気持ちを考慮すべき」が28.4％（男性25.2％、女性39.4％）で、男女間で回答の割合が逆転していました。つまり、男性は「命をもって償うべき」が多く、女性は「被害者やその家族の気持ちを考慮すべき」と回答した割合が高かった。また「凶悪犯は再犯する危険がある」と回答した者の割合は全体で20.3％、「死刑廃止によって凶悪な犯罪が増える」は16.2％で、決して少ない回答ではありませんでした。

## 調査結果から見えてくるもの

　北海道大学の1・2年次の学生は全体に、刑務所に対する関心は高いものの、それに関する情報や現場での研修などはほとんど行っていませんでした。刑務所を外から見た者および実際に中を見学した者の割合はそれぞれ、4割および1割でしたが、実際に「刑務所を訪問したい」と回答した学生の割合は7割以上でした。

　私たちのゼミの研修でも同様な傾向が観察されています。最初に、札幌刑務所が街の住宅地内にあることにまずびっくりします。実際、学生が刑務所を見たい、その中を見学したい、その中で研修したいことと現実との間には大きなギャップが見られます。

　また、刑務所内で受刑者の生活などに関する知識についても決して十分とはいえません。彼らの服装やインターネットへのアクセスに関する質問にはほぼ9割の学生が正解していますが、調理や副食費のコスト、入浴などに関する質問への正解は2～3割程度でした。テレビにおいても、約5割の学生は不正解（つまり「刑務所内ではテレビは観られない」）でした。この傾向は刑務所内での医療費の負担や育児についても同様でした。ほとんどの学生が不正解でした。

　受刑者の罪名や覚せい剤取締法違反で入所している人の割合、および再入者率に関する質問には、それぞれ約3分の1、約半数、および約4分の1が正解でした。また窃盗や覚せい剤取締法違反の5年以内再犯率では、後者を前者よりも高く回答する学生の割合が多く、覚せい剤の常習性の考え方が学生に植え付けられている一方、窃盗の常習性には意識の

ギャップがあるように見受けられます。2つの罪の社会性などの背景についても学習する必要がありそうです。

　これまでの質問は、刑務所や罪名などに関する知識に関する質問ですが、回答から、学生はこれまで刑務所について学習する機会がほとんどなかったということを裏づけていると思います。

　さらに、刑務所の目的として「更生」と回答した人の割合は5割を少し超えるものの、罪の重軽によって、学生の対応は違っていました。重犯罪になるほど、「罪の償い」を選択する学生の割合が増えました。この傾向は、次の「死刑」に関する質問にも通じるものがあると考えられます。

　一方で、男女ともほぼ7割の学生は、これまでに刑事裁判の採決に「関心を持った」と回答しています。これは学生が学ぶ意欲やそのための心の準備がそれなりに整っていることを示しているのではないかと思われます。これは、光が入り込んできたような明るい、前向きな回答でした。環境次第では、今からでも学生は「刑務所」の現状や課題、日本の刑務所の自由刑、「被収容者」の人権や再犯防止、罪の償い方、運の不平等などについて学びえることを示しています。

　北海道大学の1・2年次の学生は、死刑について「消極的ながら廃止すべきである」者を合わせると約4分の1が死刑廃止を支持していました。一方、死刑維持派は消極的な者を含めて約4分の3でした。内閣府が5年ごとに実施している直近（2014年）の「基本的法制度に関する世論調査」によると、「どんな場合でも死刑は廃止すべきである」と回答した者の割合は9.9％、「場合によっては死刑もやむを得ない」の80.3％のデータに比べると、北海道大学の学生は死刑廃止論者がやや多い傾向が認められました。本調査対象に最も近い年齢層、全国の20〜29歳のデータに限定して比較すると、全国では廃止論者は5.5％ですので、本調査の対象者の4分の1でした。また全国のデータ同様、男性ほど死刑を存続すべきと回答した者の割合が多い傾向にありました。

「死刑制度を廃止する理由」として、全国調査では複数回答方式を採用していため、本調査との直接的な比較には慎重を期すべきですが、全国調査でもっとも多くあげた理由は「裁判に誤りがあったとき、死刑にしてしまうと取り返しがつかない」がトップで46.6％、次いで「生かし

ておいて罪の償いをさせた方がよい」41.6％、「国家であっても人を殺すことはできない」38.8％でした。その傾向は本調査のデータともほぼ合致するものです。

　一方、全国調査では「死刑制度を存置する理由」として、「死刑を廃止すれば、被害を受けた人やその家族の気持ちがおさまらない」と回答した者がもっとも多く53.4％、次いで「凶悪な犯罪は命をもって償うべきだ」が52.9％でした。

　さらに、「凶悪犯を生かしておくと同じ罪をくり返すし、凶悪な犯罪が増える」と回答する者の割合も少なくありません。実際、57.7％の人が死刑を廃止すれば凶悪犯が増加すると回答していました。この回答に対する男女間および年齢層間の違いは認められませんでした。全国調査の回答と、本調査の大学生の回答とほぼ同じ傾向でした。

「死刑廃止」によって、凶悪犯が増えるというデータは少なく、逆に減少するエビデンスが多く蓄積されつつあります。片方で、死刑制度があるために、殺人などの凶悪犯罪を実行する人もいます。また加害者の更生は最終的には被害者の救済にもつながります。よって、いろいろな観点から死刑制度の廃止および存置について国民的議論を喚起することが必要であると思われます。


【謝辞】
　調査に協力いただきました学生の皆様、および担当教員に厚く御礼申し上げます。

# おわりに

　学生たちは刑法犯の実態を調べてその特徴を把握し、問題解決のため「高齢被収容者」と「再犯防止」に焦点を絞って検討を重ねてきました。高齢者の更生は、若者などとは大きく異なります。若者では失敗したとしても、彼らの可能性を信じ、職を提供して、「自分はやれる」との自己肯定感をもてるようにすれば、立ち直れる機会は多いと思います。そして過去は変えられなくても、自分と未来は変えられるという信念を持てるような支援をし、さらには、私たちが過ちを起こした人たちに対して寛容な社会をつくる努力をすることで、彼らは更生に向かうことができると思います。

　これら若者に対して、今刑務所の中にいる被収容者の中には、微罪を繰り返し、何度も「再犯」を重ねる高齢者が多くいます。刑期を全うして出所したにもかかわらず、なぜ再び罪を犯してしまうのでしょうか。出所者の中には住む場所を確保できないまま出所し、再犯に至る者も数多く見受けられます。再犯の原因としては出所後の社会的な居場所がない、生活資金がない、万引き行為への依存（クレプトマニア）など、さまざまなことが考えられますが、なかでも大きな原因として挙げられるのが「職がない」ということです。職がなければ当然生活のための資金を継続的に得ることができません。

　まず職がないことについては、平成28年に刑務所から仮釈放された13,260人のうち、83.6％を占める11,080人は無職のまま仮釈放されました。その結果無職者の再犯率は有職者の再犯率に比べて約3倍となっています。さらに高齢者は家族との連絡が断たれたり、入所によって知人とのコミュニケーションが断たれたりして頼れる人がいないという孤立した状態に多くがあります。高齢の被収容者はまさにこの社会に行き場を失って、微罪の犯罪をくり返し、出所後すぐにまた刑務所に戻るという悪循環をくり返していることが推察できます。

　この背景には、本人に問題があることは言うまでもないですが、受け

皿のない環境に受刑者を出所させるという、日本の制度にも問題があります。再犯防止のためには、出所者のアフターケアに関する制度の改善、つまり再犯防止に対するパラダイムシフトが必要です。これに関連しては「更生保護施設」と「協力雇用主制度」がありますが、制度自体が社会に知られていないなどにより、充分機能しているとは言えません。

　こうした状況の出所者に対して学生たちは「就労」と、就労が困難な人々に対する「福祉」という2つの軸を設定し、再犯防止にむけたアプローチを考えていきました。刑務所を初めとする犯罪者の処遇や出所後の彼らのおかれた現状などについてあまりにも人々が無関心かつ知らなさすぎます。「再犯者を減らすことは犯罪件数そのものを減らすことに直結する」（人員としては犯罪者の3割程度である再犯者によって犯罪の約6割が引き起こされている）ということも踏まえて、実態を知ったうえで、究極は社会の寛容さの涵養ということに繋がっていくと思います。

　LGTBや発達障がい者、いまこうした人たちがカミングアウトして社会の理解が進み始めています。さらに、熊本市が自治体として初めて再犯防止と人材確保を目的に出所者向け求人誌を発行し、出所者の社会復帰を後押しすることになったそうです。「弱者・少数者が生きやすい社会は、誰にとっても生きやすい社会である」——こうしたことが共通認識となりグローバルスタンダードになることを期待しています。

2020年2月<br>
玉城英彦

編著者略歴

■玉城英彦（たましろひでひこ）
1948年、沖縄県今帰仁村古宇利島生まれ。現在北海道大学名誉教授・客員教授、北海道大学新渡戸カレッジフェロー、台北医学大学客員教授。
北里大学・テキサス大学・旧国立公衆衛生院 (現在国立保健医療科学院)卒。国立水俣病研究センター・世界保健機関（WHO）本部（在スイス・ジュネーブ）勤務後、北海道大学大学院医学研究科教授、米国ポートランド州立大学国際客員教授などを歴任、現在に至る。専門は疫学・グローバルヘルス。
著書：『恋島への手紙 ― 古宇利島の想い出を辿って』（新星出版、2007年）、『世界へ翔ぶ ― 国連職員をめざすあなたへ』（渓流社、2009年）、『社会が病気をつくる ― 「持続可能な未来」のために』（角川学芸出版、2010年）、『ともに生きるためのエイズ ― 当事者と社会が克服していくために』（渓流社、2012年）、『手洗いの疫学とゼンメルワイスの闘い』（人間と歴史社、2017年）、『新渡戸稲造 日本初の国際連盟職員』（渓流社、2017年）、『南の島の東雲に オリオンビール創業者具志堅宗精』（沖縄タイムス社、2019年）。
訳書：『疫学的原因論』（三一書房、1982年）、『疫学・臨床医学のための患者対照研究－研究計画の立案・実施・解析』（ソフトサイエンス社、1985年）など。
編著書：『グローバルリーダーを育てる北海道大学の挑戦』（玉城英彦・帰山雅秀・弭和順、彩流社、2017年）、『グローバルリーダーを育てる北海道大学の挑戦Ⅱ』（玉城英彦・帰山雅秀・弭和順、彩流社、2018年）、『刑務所には時計がない 大学生が見た日本の刑務所』（玉城英彦・藤谷和廣・山下渚・紺野圭太、人間と歴史社、2018年）、他多数。

■藤谷和廣（ふじたにかずひろ）
1995年生まれ。東京都出身。
2016年8月〜2017年5月フランス・パリ政治学院に留学、2018年3月北海道大学法学部卒業。岩手県盛岡市在住。

■紺野圭太（こんのけいた）
1971年生まれ。東京都出身。
2004年北海道大学大学院医学研究科社会医学専攻博士課程修了。2004〜2009年北海道立釧路保健所・帯広保健所を経て2009年より帯広刑務所医務課長。北海道河東郡音更町在住。

大学生が見た日本の刑務所 **2**

居場所がない ——高齢者・万引き・再犯——

2020 年 4 月 10 日　初版第 1 刷発行

編著者　　玉城英彦、藤谷和廣、紺野圭太
装　丁　　植村伊音＋人間と歴史社制作室
発行者　　佐々木久夫
発行所　　株式会社 人間と歴史社
　　　　　東京都千代田区神田小川町 2-6　〒 101-0052
　　　　　電話 03-5282-7181（代）/ FAX 03-5282-7180
　　　　　http://www.ningen-rekishi.co.jp
印刷所　　株式会社 シナノ

Ⓒ Hidehiko Tamashiro, Kazuhiro Hujitani and Keita Konno 2020
Printed in Japan
ISBN 978-4-89007-214-9　C0036

## 手洗いの疫学とゼンメルワイスの闘い

玉城英彦

歴史上初めて手洗い・消毒の重要性を訴え、接触感染による産褥熱の死から若い母親たちを守った感染防護の父・ゼンメルワイス……。その悲劇の生涯と研究のあり方を疫学的観点から検証！

A4 並製 223 頁
定価 1,800 円＋税

## 大学生が見た日本の刑務所 刑務所には時計がない

玉城英彦、藤谷和廣、山下渚、紺野圭太

日本の刑務所の現状と歴史および諸外国の刑務所との比較から、大学生とともにわが国の刑務所の特異的問題点を指摘、日本社会の深層に迫る！

A4 並製 245 頁
定価 2,200 円＋税